ATILIO ROJAS

NEO BANCA SEGURO Y BOLSA
(Tecnología Digital)

ENFOQUE SOBRE:
Tecnología Información y Comunicaciones (TIC)
Fintech- Techfin- Insurtech- Startup
Moneda Fiat- Digital- Criptomoneda
Criptoactivo- Token- Blockchain
Inteligencia Artificial y Robótica
Tecnología Cuántica y Contratos Inteligentes
Marketing Digital y Comunicaciones
Procesos Contables y de Control
Ciberseguridad y Normativa Jurídica.

NEO BANCA, SEGURO Y BOLSA
(Tecnología Digital)

ÍNDICE

DEDICATORIA I

PRÓLOGO III

RECONOCIMIENTO V

INTRODUCCIÓN 1

CAPÍTULO I

EL SISTEMA BANCARIO 5
   1. LA BANCA 7
   2. ORIGEN DE LA BANCA. 7
   3. LA MONEDA 8
      3.1. VALOR DEL DINERO 8
      3.2. FINALIDAD Y FUNCIONES DEL DINERO 9
      3.3. LA UNIDAD MONETARIA 9
   4. LA MONEDA COMO MEDIO DE PAGO 10
   5. MONEDA FIAT O FIDUCIARIA 11
      5.1. VENTAJAS DE LAS MONEDAS FIAT 11
      5.2. DESVENTAJAS DE LAS MONEDAS FIAT 12
      5.3. DIFERENCIA ENTRE TIPOS DE MONEDAS 12
      5.4. MEDIOS PARA DISPONER DE LAS MONEDAS DIGITALES 13
   6. LA TECNOLOGÍA EN LA BANCA 14
      6.1. RIESGO CONSOLIDADO POR CLIENTES 14
      6.2. OPERACIONES DE DEPÓSITOS 15
      6.3. OPERACIONES DE CRÉDITOS 15
      6.4. CARTERA DE INVERSIONES 16
      6.5. CONTROL DE DISPONIBILIDADES 16
      6.6. OPERACIONES DE TERCEROS 17
      6.7. CONTROL INSTITUCIONAL 17
   7. LA CONTABILIDAD 17
      7.1. PARAMETRIZACIÓN DE LAS OPERACIONES 18
      7.2. ESTADOS FINANCIEROS 18
      7.3. REGISTROS Y CONTROL 18

CAPÍTULO II

EMPRESAS DEL SISTEMA ASEGURADOR 19
   1. EL SISTEMA ASEGURADOR 21
   2. LA TECNOLOGÍA Y LA ACTIVIDAD ASEGURADORA 22
   3. OPERACIONES Y RAMOS DE SEGUROS 23

4. LAS NUEVAS TECNOLOGÍAS EN SEGUROS 24
5. VENTAJAS DE LA TECNOLOGÍA EN LOS SEGUROS 25
    5.1. CONTRATACIÓN DE PÓLIZAS EN LÍNEA 25
    5.2. EXPEDIENTE CONSOLIDADO POR CLIENTES 26
    5.3. PÓLIZAS CON FINANCIAMIENTOS 26
6. COBERTURA DE RIESGOS 27
    6.1. CARTERA DE INVERSIONES 27
    6.2. BIENES QUE RESPALDAN LOS SEGUROS 27
    6.3. CÁLCULOS Y PROVISIÓN DE RESERVAS 28
    6.4. OPERACIONES DE TERCEROS 28
7. LA CONTABILIDAD DE LAS EMPRESAS DE SEGUROS 28
    7.1. PARAMETRIZACIÓN DE LAS OPERACIONES 29
    7.2. ESTADOS FINANCIEROS 29
    7.3. REGISTROS Y CONTROL 29

CAPÍTULO III

EL MERCADO DE CAPITALES: **31**

1. CONCEPTO DE MERCADO DE CAPITALES 33
2. EMPRESAS DEL MERCADO DE CAPITALES 34
3. LA TECNOLOGÍA EN EL MERCADO DE CAPITALES 34
4. VENTAJAS DE LA TECNOLOGÍA EN EL MERCADO DE CAPITALES 35
5. PROCESOS TECNOLÓGICOS EN EL MERCADO DE CAPITALES 36
    5.1. OPERACIONES DE COMPRAVENTA DE TÍTULOS VALORES 36
    5.2. RIESGO CONSOLIDADO POR CLIENTES 36
    5.3. CONTROL INSTITUCIONAL 37
6. LOS CONTRATOS INTELIGENTES: 37
6. LA CONTABILIDAD DE LAS EMPRESAS DEL MERCADO DE CAPITALES 38
    6.1. PARAMETRIZACIÓN DE LAS OPERACIONES 38
    6.2. CONTABILIZACIÓN DE LOS TÍTULOS VALORES 39
    6.3. ESTADOS FINANCIEROS 39

CAPÍTULO IV

LAS EMPRESAS DE APOYO TECNOLÓGICO **41**

1. PROVEEDORES DE TECNOLOGÍA 43
    1.1. LAS MAYORES EMPRESAS DE TECNOLOGÍA: 43
    1.2. LAS EMPRESAS DE TECNOLOGÍA DE SISTEMAS 44
2. LAS EMPRESAS DE TECNOLOGÍA 45
    2.1. LAS EMPRESAS FINTECH 45
    2.2. LAS EMPRESAS INSURTECH 46
    2.3. LAS EMPRESAS TECHFIN 46
    2.4. OTRAS EMPRESAS DE TECNOLOGÍA 47
3. DIFERENCIAS ENTRE TECHFIN, FINTECH E INSURTECH: 47
4. CLASIFICACIÓN DE LAS EMPRESAS DE TECNOLOGÍA: 47
5. EVOLUCIÓN DE LAS EMPRESAS DE TECNOLOGÍA: 48
6. VENTAJAS PARA CONTRATAR SERVICIOS: 49
7. LICENCIAS PARA OPERAR EN EL MEDIO FINANCIERO: 51

CAPÍTULO V

LAS EMPRESAS DE TECNOLOGÍA TIC 53
   1. CONCEPTO DE TECNOLOGÍA DE LA INFORMACIÓN Y LAS COMUNICACIONES (TIC) 55
   2. CARACTERÍSTICAS DE LAS TIC 56
   3. TIPOS DE TECNOLOGÍAS TIC: 56
      3.1. Redes: 56
      3.2. Terminales y equipos: 57
      3.3. Servicios: 57
   4. ELEMENTOS DE LA TECNOLOGÍA TIC 57
   5. ALCANCE DE LA TECNOLOGÍA TIC 58
   6. VENTAJAS DE LAS TIC 58
      6.1. Simplifica los procesos de gestión 58
      6.2. Captura de información de la clientela: 58
      6.3. Diseñar Estrategias de Marketing: 59
      6.4. Cobertura de Mercado: 59
      6.5. Globalización: 59
      6.6. Mayor Eficiencia: 59
      6.7. Seguridad mejorada: 59
   7. EVOLUCIÓN DE LA TECNOLOGÍA: 60

CAPÍTULO VI

LAS STARTUPS 61
   1. LAS STARTUPS 63
      1.1. CONCEPTO DE STARTUP 63
      1.2. ALCANCE DE LAS STARTUPS 63
      1.3. CARACTERÍSTICA DE LAS STARTUPS 64
      1.4. RETOS DE LAS STARTUPS 64
   2. LA METODOLOGÍAS LEAN STARTUP 65
      2.1. CONCEPTO DE LEAN STARTUP 65
      2.2. VENTAJAS DE APLICAR LA METODOLOGÍA 65
      2.3. PASOS DE LA LEAN STARTUP: 66
   3. METODOLOGÍAS DE TRABAJO. 66
      3.1. Agile: 67
      3.2. Lean Startup: 67
      3.3. Design Thinking: 67
      3.4. METODOLOGÍA SCRUM: 67
   4. GESTIÓN DE PROYECTOS 68
      4.1. Metodología Ágil: 68
      4.2. Modelo de cascada: 69
      4.3. Metodología Scrum: 69
      4.4. Metodología Kanban: 69
      4.5. Metodología Scrumban: 69
      4.6. Metodología PRINCE: 69
      4.7. Metodología Six Sigma: 70

4.8. Método de la ruta crítica (CPM): *70*
4.9. Gestión de proyectos por cadena crítica (CCPM): *70*
4.10. Metodología Lean: *70*
4.11. Guía PMBOK® del Project Management Institute (PMI): *70*
4.12. Programación extrema (XP): *70*

CAPÍTULO VII

LA TECNOLOGÍA BLOCKCHAIN **71**

1. CONCEPTO DE BLOCKCHAIN 73
2. CARACTERÍSTICAS DE LA BLOCKCHAIN: 73
3. LA TECNOLOGÍA BLOCKCHAIN: 74
4. INNOVACIONES VINCULADAS A LA BLOCKCHAIN: 77
5. LA CONTABILIDAD Y LA BLOCKCHAIN 77
6. SEGURIDAD EN LA BLOCKCHAIN: 79

CAPÍTULO VIII

TECNOLOGÍA WEB **81**

1. LA TECNOLOGÍA WEB 83
   1.1. DESARROLLO WEB *83*
   1.2. VENTAJAS DE LA TECNOLOGÍA WEB: *84*
   1.3. TIPOS DE TECNOLOGÍA WEB: *85*
2. DESARROLLOS E INSTRUMENTOS DE LA TECNOLOGÍA: 86
   2.1. LA INTELIGENCIA ARTIFICIAL: *86*
   2.2. Machine Learning: *87*
   2.3. REALIDAD AUMENTADA Y VIRTUAL: *88*
   2.4. Los Smart Contracts: *88*
   2.5. LA DATA EN LA NUBE (SERVIDOR). *89*
   2.6. LOS ALGORITMOS. *89*
   2.7. CÓDIGO ABIERTO. *90*
   2.8. LA AUTOMATIZACIÓN *90*
   2.9. LA CRIPTOGRAFÍA *91*
   2.10. BASE DE DATOS *91*
   2.11. LA BIG DATA *92*
   2.12. COMPUTACIÓN CUÁNTICA: *93*
   2.13. LA ROBÓTICA. *94*
   2.14. EL METAVERSO *95*
   2.15. LOS HACKING: *97*

CAPÍTULO IX

LOS TOKENS **99**

1. CONCEPTOS DE TOKEN. 101
2. TIPOS DE TOKENS: 102
   2.1. DIFERENCIA ENTRE TOKEN DE UTILIDAD Y DE SEGURIDAD: ... *102*
   2.2. Tokens de valor *103*
3. CLASIFICACIÓN DE LOS TOKENS: 103

4. TOKEN DIGITAL. 104
5. TOKEN DE AUTENTICACIONES 105
    5.1. Token de software *105*
    5.2. Token de hardware *105*
6. PARTICULARIDADES DE LOS TOKENS ICO 106

CAPÍTULO X

LA BANCA DIGITAL.. **107**
    1. CONCEPTO DE TECNOLOGÍA BANCARIA 109
    2. COMERCIO ELECTRÓNICO 109
    3. LA BANCA DIGITAL O NEOBANCA 111
    4. TIPOS DE BANCA 112
    5. DIFERENCIAS ENTRE BANCA DIGITAL Y VIRTUAL: 113
    6. DIFERENCIAS ENTRE BANCA DIGITAL Y BANCA ELECTRÓNICA:..............113
    7. MONEDA DIGITAL...113
    8. DIFERENCIAS ENTRE MONEDA DIGITAL Y CRIPTOMONEDA: 114
    9. DISPOSITIVOS BIOMÉTRICOS:..115
    10. LA DIGITALIZACIÓN DE LOS PROCESOS BANCARIOS: 115
    11. TIPOS DE ANALOGÍAS: 116
    12. VENTAJAS DE LA DIGITALIZACIÓN: 117
    13. LOS RIESGO EN LA BANCA DIGITAL: 118
        13.1. CONCEPTO DE RIESGO...*118*
        13.2. TIPOS DE RIESGOS *118*
        13.3. AVERSIÓN AL RIESGO *119*
    14. OPERACIONES DIGITALES DE LAS INSTITUCIONES FINANCIERAS.........119
        14.1. LAS OPERACIONES DE LA BANCA DIGITAL *120*
        14.2. TECNOLOGÍAS INTELIGENTES: *120*
    15. LA GAMIFICACIÓN Y LA LUDIFICACIÓN:...120
        15.1. LA GAMIFICACIÓN: *121*
        15.2. LA LUDIFICACIÓN:...*121*
        15.3. DIFERENCIA ENTRE GAMIFICACIÓN Y LUDIFICACIÓN..................*121*

CAPÍTULO XI

LOS PROCESOS DIGITALES **123**
    1. CONCEPTO DE PROCESOS DIGITALES: 125
    2. LA DIGITALIZACIÓN TRANSFORMADORA: 125
        2.1. CONOCER AL CLIENTE..*126*
        2.2. Evaluación de personal..*126*
        2.3. MEJORAR LOS PROCESOS INTERNOS...*126*
        2.4. NUEVOS PRODUCTOS Y SERVICIOS DIGITALES *126*
        2.5. OPORTUNIDAD DE NEGOCIOS *126*
    3. IMPACTO DE LA DIGITALIZACIÓN: 127
    4. LOS PROCESOS DIGITALIZADORES: 127
    5. TIPOS DE DIGITALIZACIÓN 127
        5.1. DIGITALIZACIÓN ADMINISTRATIVA *127*
        5.2. DIGITALIZACIÓN OPERATIVA *128*

5.3. DIGITALIZACIÓN DE SERVICIOS 128
5.4. DIGITALIZACIÓN HOLÍSTICA 128

CAPÍTULO XII

LAS COMUNICACIONES **129**

1. CONCEPTO DE COMUNICACIÓN 131
2. LA TECNOLOGÍA Y LAS COMUNICACIONES 132
3. LA INFORMACIÓN Y SUS INSTRUMENTOS 132
4. COMUNICACIÓN SINCRÓNICA Y ASINCRÓNICA 133
5. DIFERENCIAS ENTRE LA COMUNICACIÓN SINCRÓNICA Y ASINCRÓNICA 134
6. TIPOS DE COMUNICACIÓN SINCRÓNICA Y ASINCRÓNICA. 134
7. HERRAMIENTAS DE COMUNICACIÓN SINCRÓNICA Y ASINCRÓNICA 135
8. LA COMUNICACIÓN SIMÉTRICA Y ASIMÉTRICA: 135
    8.1. LAS RELACIONES SIMÉTRICAS 135
    8.2. RELACIONES DE ASIMETRÍA 135
9. LOS METADATOS 136
10. EL MÉTODO HEURÍSTICO 136

CAPÍTULO XIII

LOS MEDIOS DE PAGO **139**

1. CONCEPTOS DE MEDIOS DE PAGO 141
2. TIPOS DE MEDIOS DE PAGOS 141
    2.1. Dinero en efectivo. 141
    2.2. LA MONEDA DIGITAL 141
    2.3. PAGOS BIOMÉTRICOS 142
    2.4. MEDIOS DE PAGO EN LÍNEA 142
    2.5. Pagos virtuales: 143
    2.6. LA TARJETA DE DEBITO Y CRÉDITO 144
    2.7. Los Cheques 145
    2.8. Transferencias. 145
    2.9. Otros Medios de Pago 145
3. LOS MEDIOS DE PAGO LOCALES 145
4. CONCEPTO DE MEDIOS DE PAGO INTERNACIONALES 146
5. ASPECTOS DE LOS MEDIOS DE PAGO INTERNACIONALES: 146
6. BILLETERA DIGITAL (EWALLET): 146

CAPÍTULO XIV

LA BANCA TRADICIONAL Y LA BANCA DIGITAL **147**

1. LA BANCA TRADICIONAL 149
2. BANCA ELECTRÓNICA 149
3. DIFERENCIAS ENTRE CUENTA DIGITAL Y TRADICIONAL 149
4. VENTAJAS DE LA BANCA DIGITAL: 150
5. DIFERENCIAS ENTRE BANCA TRADICIONAL Y DIGITAL 151
6. Ventajas de la Banca Digital: 151
7. EVOLUCIÓN DE LA TECNOLOGÍA DIGITAL: 152

    8. LOS MEDIOS DE PAGO DIGITALES 152
        8.1. TRANSFERENCIAS Y REMESAS: 153
        8.2. TRANSFERENCIAS INSTITUCIONALES: 153
        8.3. Transferencias al por menor: 153
        8.4. Regulación de Transferencias 154
    6. VENTAJAS DE LOS MEDIOS DE PAGO DIGITALES: 154

CAPÍTULO XV

LAS CRIPTOMONEDAS 157
    1. CONCEPTO DE CRIPTOMONEDA 159
    2. CLASIFICACIÓN DE LOS CRIPTOACTIVOS. 160
    3. LAS STABLECOINS 161
    4. INVERSORES EN CRIPTOACTIVOS 162

CAPÍTULO XVI

INTERNET 163
    1. NAVEGAR POR INTERNET 165
    2. LA RED DE INTERNET 166
    3. CARACTERÍSTICAS DE INTERNET: 167
    4. RED INTERNA BANCARIA 167

CAPÍTULO XVII

EL MARKETING DIGITAL 169
    1. CONCEPTO DE MARKETING DIGITAL 171
    2. LA COMPETENCIA FINANCIERA: 171
    3. TÉCNICAS DE APRENDIZAJE DIGITAL: 172
    4. TIPOS DE MARKETING DIGITAL 173
        4.1. Tipos de marketing digital: 173
        4.2. Diferencias entre Inbound y Outbound Marketing: 173
    5. ESTRATEGIAS EN EL MARKETING: 174
    6. CLASIFICACIÓN DEL USO DEL MARKETING: 175
    7. LAS TECNOLOGÍAS DEL MARKETING 175
    8. EL USO DE LOS MEDIOS TECNOLÓGICOS EN EL MERCADEO: 176
    9. LOS MODELOS PREDICTIVOS EN LA BANCA DIGITAL: 176
    10. LA COMPETENCIA ÁMBITO DIGITAL: 177

CAPÍTULO XVIII

LEGISLACIÓN DE LAS OPERACIONES DIGITALES 179
    1. CONCEPTO DE DERECHO INFORMÁTICO O TECNOLÓGICO 181
    2. LAS INSTITUCIONES FINANCIERAS 181
    3. LA SEGURIDAD DE LOS PROCESOS 182
    4. CIBERSEGURIDAD: 182
    5. NORMATIVA DE LAS ACTIVIDADES DIGITALES: 183
        5.1. NORMATIVA EUROPEA: 184

5.2. NORMATIVA EN LOS ESTADOS UNIDOS DE AMÉRICA *184*
5.3. NORMATIVA EN LATINOAMÉRICA: *185*
5.4. NORMATIVA FINANCIERA ASIÁTICA: *185*

BIBLIOGRAFÍA 187

DEDICATORIA:

A mis nietos Ignacio, Neil y Natasha

Esta obra la dedico de manera especial, a mis compañeros de Promoción UCV 1974; a los cuales, también les dedico el Poema Cincuenta Años de Graduados:

POEMA
CINCUENTA AÑOS DE GRADUADOS
(Promoción 1974)

Son cincuenta años colegas,
Que cumple la promoción,
Por ese lapso de entrega,
¡Va esta congratulación!

Estos cincuenta primores,
Que vamos a agasajar,
Representan los honores,
¡Por nuestras luchas sin par!

¡Bienvenidos al Rencuentro!,
Colegas de promoción,
A departir del evento,
¡De la conmemoración!

Son momentos de evocar,
Al colega de la acción,
Al profesor ejemplar
Y al romance de ocasión.

Los compañeros y amigos
Aquel grupo del salón,
Que siempre estaban contigo,
En estudios o reunión.

¡«In Memoriam» al ausente!,
Aquellos grandes hermanos,
Que, al no estar ahora presente,
¡Nos traen recuerdos lejanos!

¿Qué tiempos lindos aquellos?,
¡Cuánta camaradería!,
La hermandad era un destello,
¡De lo que allí se vivía!

¡Oh! la UCV, nuestra alma mater,
El sitio de formación,
Donde quedó buena parte,
¡De los sueños e ilusión!

Vivimos tiempos obscuros,
Con diáspora, COVID y guerra,
Con un mundo en tanto apuro,
¡Entre las cosas que aterra!

En nuestra generación,
La tecnología germina,
Dando paso a la expansión,
¡De la ciencia, que hoy fascina!

Parodiando a los colegas,
¡Con la mágica azulita!;
Que decir de las colegas,
¡Con su estética bonita!

Aquí están los estudiantes,
De aquellos años setenta,
Seres echados pa'lante,
¡Festejando los cincuenta!

¿Ahora somos los abuelos?,
Que vamos rumbo a la cima,
Entre dejos y desvelos,
¡Con tantos años encima!

Grata congratulación,
Compañeros de vejentud,
¡Viva!, nuestra promoción
Y un ¡hurra!, colegas. Salud

Poema: Cincuenta años de graduados
Autor: Atilio Rojas
Celular: +58 (412) 451.07.29
email: atiliorojas2000@gmail.com

PRÓLOGO

En un mundo donde la tecnología avanza a pasos agigantados y las formas de interactuar, comercializar y realizar transacciones evolucionan constantemente, el sector financiero se ve inmerso en una revolución sin precedentes. Desde los orígenes de la banca hasta la actualidad, hemos sido testigos de una transformación radical impulsada por la innovación tecnológica.

El presente libro, meticulosamente estructurado en diversos capítulos, aborda de manera exhaustiva y profunda los entresijos del sistema financiero en la era digital. Desde los fundamentos de la banca tradicional hasta la complejidad de las criptomonedas y la tecnología blockchain, esta obra ofrece un panorama completo de los avances tecnológicos que están redefiniendo el mundo de las finanzas.

En los primeros capítulos, el lector se sumergirá en los conceptos básicos de la banca y el sistema asegurador, explorando el papel fundamental de la moneda y la evolución de las tecnologías financieras. A medida que avanza por las páginas de este libro, descubrirá la creciente influencia de la tecnología en el sistema financiero y las empresas de apoyo tecnológico, así como su impacto en la gestión de proyectos y las metodologías de trabajo.

El viaje continúa adentrándose en el mundo de las tecnologías de la información y las comunicaciones, explorando desde la inteligencia artificial hasta la computación cuántica, y desde las redes sociales hasta el metaverso. A través de esta travesía, el lector comprenderá cómo estas innovaciones están transformando la banca digital y el marketing, así como las implicaciones legales y de seguridad que conlleva esta revolución tecnológica.

Con un enfoque didáctico y accesible, este libro está diseñado para brindar tanto a profesionales del sector financiero como a estudiantes una visión integral y actualizada de la intersección entre la tecnología y las finanzas. Ya sea que se trate de comprender los fundamentos de las criptoactivos, explorar las oportunidades de las *startups* en el ámbito financiero o analizar la legislación que rige las operaciones digitales, este libro ofrece un recurso invaluable para navegar por el complejo mundo de las finanzas en la era digital.

Este libro es una herramienta útil y esclarecedora para todos aquellos que deseen comprender y aprovechar las oportunidades que ofrece la revolución tecnológica en el ámbito financiero.

¡Bienvenidos a un viaje fascinante hacia el futuro de las finanzas!

Oscar Bastidas - Delgado

RECONOCIMIENTO:

Al prologuista, el profesor emérito de la Universidad Central de Venezuela (UCV), Oscar Bastidas-Delgado, que tiene una amplia trayectoria en las finanzas, la docencia universitaria y el ejercicio cooperativista. A lo largo de su carrera, ha desempeñado múltiples roles: Investigador Jubilado, Consultor y Conferencista Internacional, Autor y Articulista, Tutor de Tesis y Evaluador. Ha visitado y realizado pasantías en Organizaciones de Economía Social en más de treinta países, le agradezco por sus palabras sobre la temática de la obra.

Al editor, Asesor Bancario Dennis Rojas Maurera, por la revisión, diagramación y adecuación del libro, así como su apoyo en el marco de Criptoactivos y blockchain y experto en el área de tecnología financiera.

A mis amigos que revisaron las notas de esta obra: Ing. José Luis Zapata, Prof. Raúl Breindembach, Ing. Adriana Rojas, Dra. Elena de Antias,

A la empresa a Corporación Trust Sistems 21, C.A., por la información aportada y a los colaboradores en esta publicación

NEO BANCA SEGURO Y BOLSA
(Tecnología Digital)

> Todo tiene dos lados, cuídate de elegir
> el lado erróneo de las cosas.
> Ralph Waldo Emerson

INTRODUCCIÓN

El conocimiento filosófico objetivo, es el fruto del pensar sobre la realidad, diremos que el conocimiento es información, que se expresa en mensajes, descifrables por los medios que disponemos. Tantas variantes, en lo que entendemos por conocimiento, sea filosófico (objetivo o subjetivo) o científico[1]. En estos tiempos de constantes cambios, es un reto diario estar actualizado, no solo por la inmediatez y volumen de la información que se genera, sino también por las posiciones ideológicas y religiosas, que se tienen sobre el mundo y su desenvolvimiento, que particularizan la información y las comunicaciones.

El nombre escogido para la obra está relacionado con las instituciones financieras y la tecnología digital: Neo Banca, Seguro y Bolsa (Tecnología Digital); lo que ha dado por llamarse: Neobanca o Neoseguro o Neobolsa, parte de la tecnología de la información y las comunicaciones. Conceptos estos, relacionados con las novedosas tecnologías y metodologías que están revolucionando el mundo científico, industrial, cultural, de investigaciones y exploraciones, y la sociedad en su conjunto, particularmente con las instituciones financieras, objeto de nuestro estudio. Las empresas de tecnología, que sirven de soporte y apoyo a la banca, empresas de seguro y del mercado de capitales, son conocidas en el mercado, por sus abreviaturas, de: Fintech, Techfin, Bigtech, Regtech, Legaltech, Insurtech, Startup y Proptech; así como otras tecnologías y metodologías de la información y las comunicaciones (TIC), como: Cloud Computing, Big Data, Lean Startup, Internet, Computación Cuántica, Inteligencia Artificial, Robótica y Blockchain. Estas nuevas tecnologías y metodologías de trabajo que invaden el mercado son una suerte de soluciones para apoyar a las instituciones financieras e interrelacionarlas con su clientela

Las variantes más destacables en estas tecnologías, las vemos en los medios e instrumentos utilizados; los cuales han tenido espectaculares avances, incluyendo las metodologías que se presentan para dar soluciones financieras a las exigencias del mercado,

---

[1] La teoría del conocimiento en investigación científica: una visión actual. 2009. Augusto V Ramírez. El conocimiento es el acto consciente e intencional para aprehender las cualidades del objeto y primariamente es referido al sujeto, el quién conoce, pero lo es también a la cosa que es su objeto, el qué se conoce.

Lo que diferencia estas ejecutorias de ayer y de hoy, es la tecnología como recurso; por los medios e instrumentos que aporta, que permiten rapidez, seguridad, interconectividad, masificación, despersonificación, digitalización, inmediatez, acceso a medios, múltiples productos, reducción de riesgo y menores costos, en un mercado extenso. Los resultados cuantitativos de la ejecución de las ideas o proyectos, dependiendo de su alcance y dimensión, pueda que no sean tan distintos, pero desde el punto de vista cualitativo, es evidente la notable diferencia, por la tecnología de que se dispone. Los grupos que implementen estas tecnologías y metodologías deben ser multidisciplinarios, por el nivel de conocimiento que debe tenerse, en el manejo e implementación de estas soluciones tecnológicas, la evaluación de las organizaciones y la integración de las operaciones y data, con las particularidades del recurso humano de las instituciones, por su resistencia al cambio.

La obra está estructurada en dieciocho (18) capítulos, que abordo de manera sinóptica; los cuales son: La banca, seguros y mercado de capitales, tecnología digital, las empresas Techfin, Insurtech, Startup, origen de la banca y el dinero, medios de pago digital, los medios de pagos locales, los principales medios de pagos en el comercio internacional, los tokens, la Blockchain, las Criptomonedas, el marketing digital y la legislación relacionada con el marketing tecnológico. La banca, seguro y bolsa digital, surgen como una necesidad del mercado, de habilitar medios que brinden soluciones expeditas a las instituciones financieras en sus relaciones con sus clientes. Esta evolución, trajo soluciones y beneficios a los componentes del mercado; con productos y servicios innovadores amparados en la tecnología digital, tanto para las instituciones financieras, como para sus usuarios.

Sin pretender ser original sobre la temática de la obra, hago una evaluación de parte de aquellas tecnologías que hoy impactan al mercado, como las TIC, Blockchain y las empresas que las implementan, como las llamadas Fintech, Insurtech, Techfin y otras Startup; así como las Criptomonedas; las cuales irrumpieron en el mercado financiero, con un impulso que hizo creer a muchos, que relevaría a las monedas fíat o fiduciarias. Solo fue un espejismo, la moneda fíat tiene respaldo institucional y participa del mercado digital.

La cobertura de mercado, que permite masificar información, de tal dimensión, que se ve reflejada en que buena parte de la humanidad, tiene acceso a ella, a través de sus celulares; lo cual se ha convertido en una necesidad. Medios como: Instagram, Facebook, X (antes Twitter), threads, TikTok, WhatsApp, la prensa, radio y tv, entre otros, son canales que sirven para publicitar mensajes de los productos y servicios en este mercado interconectado.

En la obra he seleccionado temas de actualidad, que espero sirvan de orientación a los estudiantes, profesionales, inversores y particulares interesados en el tema de la banca, seguro y bolsa digital, la llamada Neobanca o Neoseguro o Neobolsa; la tecnología de la información y las comunicaciones (TIC) y la Blockchain, junto a la inteligencia artificial, la robótica, los *Smart Contracts* y la computación cuántica, han revolucionado el mundo, con la proximidad e inmediatez al usuario, en sus conexiones con las instituciones financieras. Estos desarrollos de softwares con tecnología Blockchain, *Big Data*, inteligencia artificial, contratos inteligentes, robótica, tecnología cuántica, entre otras herramientas, han generado toda una revolución en los medios tecnológicos, particularmente los utilizados por las instituciones financieras, en sus actividades, productos y servicios de atención a su clientela; así como en las finanzas en general y la mercadotecnia. A esta revolución tecnológica, también se han incorporado otras especialidades y disciplinas de la sociedad, que requieren mantenerse actualizadas en los avances de la ciencia y tecnología en el mundo interrelacionado, que hoy tenemos, de inmediatez, cercanía, inmaterialidad, temporalidad, dimensionalidad e interespacial.

Parafraseando a Klaus Schwab[2], «El futuro llegó hace rato»; pero cuanto hemos evolucionado desde la predicción de «La partícula de Dios o Bosón de Higgs»[3] (1964), hasta el logro de los científicos del Consejo Europea para la Investigación Nuclear (CERN por sus siglas en francés), usando el Gran Colisionador Hadrones[4] (LHC) para su hallazgo (2012) y los avances en la tecnología que hoy comentamos en la obra. Somos tan solo una partícula, en la espectacularidad de las dimensiones del universo...

---

[2] Presidente Ejecutivo del Foro Económico Mundial

[3] Peter Higgs (1929-2022), científico Premio Nobel en física en 2013

[4] El acelerador de partículas más grande y potente del mundo, con un anillo de 27 kilómetros de imanes superconductores.

CAPÍTULO I

EL SISTEMA BANCARIO

> El gran motor del cambio,
> es la tecnología
> Alvin Toffler

1. LA BANCA

La banca es motor y soporte de la actividad económica y financiera mundial, activadora del sistema de pago internacional. En su proceso evolutivo, las instituciones financieras siempre han incorporado tecnología; la cual es «el gran motor del cambio», como lo señala Toffler. El sistema financiero; lo integran tres subsistemas complementarios: El sistema bancario, el sistema asegurador y el sistema de mercado de capitales; a los cuales se incorporan los criptoactivos, Criptomonedas y otros tokens, y las empresas proveedoras de tecnología digital, como las Fintech, Techfin, Bigtech, Regtech, Legaltech, Insurtech, Proptech, que irrumpen en el mercado financiero, haciendo uso de la tecnología digital del presente. Las instituciones que conforman estos sistemas tecnológicos son recipiendarias de la evolución de la tecnología digital; las cuales son incorporadas a estas instituciones financieras, por las empresas que dan soporte y apoyo.

El sistema bancario está formado por aquellas instituciones, que tienen como objeto principal recibir depósitos y otorgar créditos; así como realizar operaciones de confianza. Estas instituciones son las habilitadoras del sistema de pago nacional e internacional; en el cual se incluye la Banca Central, emisora de los signos monetarios, billetes y monedas y reguladora de la actividad crediticia. Estas instituciones financieras, han venido incorporando tecnología digital, siendo asistidas por las empresas proveedoras de la tecnología de la información y las comunicaciones (TIC), particularmente por las Fintech, Insurtech, Techfin y otros startups.

2. ORIGEN DE LA BANCA.

En la época conocida como la Edad Antigua, surge la banca y también la moneda, las cuales nacen con las primeras civilizaciones de comerciantes, en Asia Menor y Babilonia, como forma de valorar la contraprestación que se recibía del tráfico de mercancías. Así pues, una vez que se deja de usar el trueque, como forma principal de intercambio, la moneda adquiere importancia, debido a que se crea un instrumento de valor, con el cual cuantificar los bienes y servicios que se intercambian.

La principal actividad de la banca es intermediar en el crédito, captar fondos y colocarlos en el mercado; a través de créditos e inversiones, cuyos rendimientos permitan atender el pago por intereses de los depósitos recibidos, los gastos de funcionamiento y redituar al capital. El margen financiero, permite a la banca, mostrar resultados de sus operaciones propias y servicios prestados a terceros. Para dar accesos a la clientela a estas operaciones y servicios, las entidades deben instrumentar mecanismos administrativos y tecnológicos que faciliten estos procesos

3. LA MONEDA

La moneda fíat o fiduciaria, es el dinero de curso legal, emitido por las instituciones financieras de un país, generalmente un Banco Central y la banca. Actualmente, contamos con monedas digitalizadas y las criptomonedas, que son medios de pago que giran en el mercado. La moneda, es un medio reconocido para determinar el valor de los bienes y servicios. Otra definición, señala que es dinero, en forma de papel moneda o monedas (físicas o digitales), generalmente emitidas por el estado y aceptadas por su valor nominal, como medio de pago. Hay dos tipos de dinero fiduciario: El dinero emitido por la autoridad monetaria y dinero emitido por las entidades financieras[5].

Vamos a definir el término moneda: Diremos que es un medio de pago de curso legal, físico o digital que sirve para determinar el valor de bienes y servicios en el mercado; así como para invertir y ahorrar.
Los procesos digitales, en términos de dinero, son tan espectaculares, que ahora se realizan innumerables transacciones por cantidades inmensas, solo hay que pasar una tarjeta, hacer una llamada u otra operación digital.

3.1. VALOR DEL DINERO

El término Valor, en economía, tiene diferentes acepciones y diversas teorías denominadas teorías del valor; así como muchos pensadores[6] a lo largo de la historia de la economía, han pretendido definirlo y medirlo. Es una magnitud, para medir los distintos bienes económicos, comparando su utilidad.

---

[5] Lidia Rosignolo. (2016). Principios de economía monetaria: oferta y demanda monetaria, banca central y política monetaria

[6] Adam Smith, Milton Friedman, David Ricardo y Karl Marx, entre otros

En cuanto al término valor monetario, indica la capacidad que tiene una moneda de comprar o de intercambiar bienes y servicios en un momento determinado. En economías inestables, como muchas de las subdesarrolladas, sus direcciones deben estar pendiente del valor del dinero, pues este se ve afectado, por la inflación, al elevarse los precios de los bienes y servicios, o por devaluaciones, respecto a las divisas externas; las cuales al comparar su precio se observa la disminución de su valor de cambio o compra. En el caso de los inversionistas para evitarse estos riesgos, pueden refugiarse en monedas duras o diversificando sus inversiones o buscar asesoría financiera. Los gobiernos, deben tratar de aplicar políticas que estimulen la producción y el empleo, no estar aplicando devaluaciones, que genera inestabilidad y crea desconfianza.

3.2. FINALIDAD Y FUNCIONES DEL DINERO

El dinero sirve para cuantificar y determinar, cuánto valen los diferentes bienes y servicios en una misma unidad monetaria. El dinero es un activo, para el que lo detenta, menos para el Banco Central que antes de ponerlo en circulación, es un simple papel, que tiene solo de valor, su costo de fabricarlo o adquirirlo.

El dinero tiene tres funciones fundamentales, así empezaban las primeras lecciones de economía en la universidad... La moneda, tiene tres grandes funciones, sirve de medio de cambio, unidad de cuenta y depósito de valor.
a) Medio de Cambio: Porque es intercambiable por otros bienes y servicios. Esta función es la principal
b) Unidad de Cuenta: Porque determina el precio de cualquier bien, en función de una cantidad de dinero.
c) Depósito de Valor: Debido a que puede ahorrar dinero, para conservar riqueza.

3.3. LA UNIDAD MONETARIA

Es la denominación de la moneda que circula en un país, susceptible de cambiarse por otras monedas, o metales, oro u otros bienes. La moneda o unidad monetaria, es una unidad de cambio, que facilita la transferencia de bienes y servicios. Las monedas que emiten los países se muestran en el mercado en forma de piezas metálicas, llamadas monedas o en forma de piezas de papel, llamados billetes o papel moneda o las monedas digitales que circulan o se tranzan en el mercado.

La unidad de peso es la elegida para intercambiar unidades monetarias, varía según el país. Comenta, Rivas Santos[7] (1997) «que el peso, es la unidad de medida del oro, de modo que el oro se intercambia en unidades de peso, como onzas y gramos. Estados Unidos usa la onza, 1 onza equivale a 28.35 gramos de oro, cada país usa la suya, pero todas unidades de peso son convertibles entre sí». La onza troy (ozt) es una unidad de medida imperial británica, equivale a 31,1034768 gramos. Esta unidad de peso, la onza troy se emplea principalmente para medir el peso, y por ende el valor de los metales que se cotizan en el mercado.

4. LA MONEDA COMO MEDIO DE PAGO

Las monedas, son los signos monetarios de los países; también se le llama moneda a la pieza de metal, generalmente redonda y con un relieve en cada cara o lado; a la que se le asigna un valor económico determinado y se emplea como medio legal de pago en los países, incluyendo la moneda digital, que ha revolucionado la actividad financiera. Las formas de pago más utilizadas en el mundo son: efectivo, en sus modalidades digital o moneda o tarjetas, en variantes de débito y crédito; transferencias domiciliación de pagos y los cheques. A este último, la digitalización lo ha mandado al rincón de los recuerdos.

Son múltiples las denominaciones de las monedas, así como el valor económico o transaccional que tienen en el mercado. Adicional a estos valores, las monedas metálicas adquieren con el tiempo un valor numismático atractivo, para los coleccionistas de estas piezas, e inclusive la tecnología digital, tiene sus piezas criptográficas, que también participan en este mercado. La moneda digital, es la más utilizada en el comercio nacional e internacional.

---

[7] Pablo Rivas Santos (1997). Teoría y Política Monetaria y Bancaria. Pablo Rivas Santos.

5. MONEDA FIAT O FIDUCIARIA

En política monetaria, se le llama moneda al dinero fíat o fiduciario, sea físico o digital, a las monedas puestas circulación en los países por sus gobiernos. El valor del dinero fíat está determinado por la relación entre la oferta y la demanda y la estabilidad política del gobierno emisor, no por el valor de las materias primas o bienes que la pudieran respaldar, siendo la actividad económica su fortaleza. El término «moneda fíat» o moneda fiduciaria es muy reconocido, su origen se remonta a China, que fue el primer país en usar moneda fíat, alrededor del año 1000 d.C., y luego este tipo de moneda se extendió a otros países del mundo. En el siglo XX, estando como presidente de los Estados Unidos, Richard Nixon, se eliminó la convertibilidad directa del dólar estadounidense en oro, conocido como el «patrón oro». Esa medida impacto en todos países, especialmente en Latinoamérica. La mayoría de las monedas modernas en el mundo, son monedas fíat, incluyendo el dólar estadounidense, el euro y otras monedas importantes del mundo. «Fiat» en latín, significa «será» o «que se haga». Por lo tanto, las monedas fíat solo tienen valor, porque el gobierno así lo fija de acuerdo a su ordenamiento jurídico

Para que una moneda fíat tenga aceptación y reconocimiento local e internacional, el gobierno que la emite debe protegerla de las falsificaciones y administrar la oferta monetaria de manera responsable. Históricamente, el dinero mercancía tiene un valor intrínseco que está determinado por los materiales de los que está hecho, como las monedas de oro y plata. El dinero fíat, por el contrario, no tiene valor intrínseco: es esencialmente la promesa de un gobierno o banco central (Confianza), lo que hace que una moneda se puede cambiar por su valor en bienes.

5.1. VENTAJAS DE LAS MONEDAS FIAT

El dinero Fiat cumple las funciones que una economía, requiere: Como es almacenar valor, proporcionar una cuenta numérica y facilitar el intercambio. Debido a que el dinero Fiat, no es un recurso escaso o fijo como el oro, los bancos centrales tienen mucho más control sobre su oferta, lo que les permite controlar variables económicas como la oferta de crédito, la liquidez, las tasas de interés y la velocidad de circulación del dinero. Por ejemplo, la Reserva Federal de EE.UU. tiene el doble mandato de mantener bajo, los indicadores de desempleo e inflación. Variables estas, que son el dolor de cabeza de los gobiernos populistas, que utilizan la moneda, para sus propósitos políticos de manera irresponsable.

5.2. DESVENTAJAS DE LAS MONEDAS FIAT

El dinero Fiat, no está vinculado a activos tangibles, su valor está sujeto a la política fiscal y monetaria responsable y a la regulación que establezca cada país. Estas políticas o estrategias que usan los gobiernos son contrastadas por un enemigo implacable, llamado mercado, que impacta los precios, generando inflación e incluso hiperinflación. Una creciente presión en los precios puede afectar cualquier cosa, desde el sistema financiero, hasta toda la actividad económica, incluido la capacidad del gobierno de contraer deuda o responder por sus obligaciones en los mercados financieros. Ejemplos tenemos recientemente, caso africano, en Zimbabue (2000), y en Latinoamérica, Venezuela (2020). En respuesta a los graves problemas económicos, los bancos centrales de estos países comenzaron a imprimir dinero, a un ritmo asombroso, lo que provocó hiperinflación. Después de tales desastres, la gente comenzó a usar moneda extranjera más ampliamente, tanto en Zimbabue, como en Venezuela, donde el dólar circula libremente.

En la última década, han surgido las criptomonedas, como un desafío a las monedas Fiat y como una forma de deslastrarse de los controles institucionales del sistema financiero. Sin embargo, a pesar del creciente interés y aceptación de estos activos virtuales, no parecen estar cerca del dinero tradicional; los cuales se han visto impactados por caídas dramáticas de precio, aunque actualmente hay algunas estrategias de ajuste de precios, amarrándolas a monedas Fiat estables, como las llamadas stablecoin.

5.3. DIFERENCIA ENTRE TIPOS DE MONEDAS

- Lo que diferencia a las Monedas de curso legal, en sus versiones de digital (inmaterial) o moneda metal o billete (físico), es lo evidente de su estructura o composición. La moneda física, puede ser emitida en piezas de metal o billetes, que circulan contra entrega y la moneda digital, es inmaterial y puede ser usada por medios digitales o electrónicos, manteniendo ambas sus demás atributos.
- Lo moneda digital, su uso o disposición es por medios digitales o electrónicos y depende de servicios públicos como luz o internet. El dinero físico es material y debe ser entregado, además de ser aceptado como medio de pago, no deja rastro.
- Diferencias entre la moneda digital y las criptomonedas: Las criptomonedas, se asemejan con la tarjeta prepago en cuanto a su uso, pero se diferencian en su emisión, que en las criptomonedas es privada; no obstante, las tarjetas prepagas tienen dos variantes, pueden ser privada o institucional de la banca. En cuanto a las monedas digitales, estas son emitidas por la banca de manera digital, contra los fondos depositados en la institución y los que mantiene en el Banco Central. En cuanto a la tecnología que usen las criptomonedas, estas tienen control exclusivo Inter partes, y la moneda digital, su control es institucional del sistema bancario.

5.4. MEDIOS PARA DISPONER DE LAS MONEDAS DIGITALES

Los bancos deben habilitar medios para que sus clientes movilicen sus fondos, a través de mecanismos digitales, esa es su responsabilidad, además de la seguridad, tanto interna como en la vulnerabilidad del medio utilizado. Las monedas físicas o digitales son lo mismo, en cuanto a valor, su control lo tiene el banco o quien lo emita. El usuario podrá hacer uso de los fondos que tenga disponible, en sus cuentas a través de los medios que le habiliten los bancos:

- Las cuentas de débito (corriente o de ahorro): Son movilizadas con Tarjetas o de forma Digital, a través de los medios o mecanismos que disponga el banco para su movilización. La movilización con tarjetas es por medios electrónicos, usando la misma tarjeta, datos del usuario y sus claves de seguridad y la cuenta Digital, tiene algunas variantes para movilizar dicha cuenta por medios digitales o electrónicos, dependiendo del medio que habilite el banco a estos fines, que puede ser reconocimiento, facial, voz e identificación del usuario.
- Las Tarjetas Prepago y las Cuentas de Debito: Las diferencias, entre las tarjetas prepago o con provisión de fondos y las cuentas de débito, es que las tarjetas prepago, la disposición de sus fondos está en la misma tarjeta, como las de consumo y su emisión puede ser institucional, a través de la banca o privado, pero interrelacionadas. Las cuentas de débito, el cliente puede disponer de sus fondos, pero sus fondos están en su cuenta bancaria, con algunas medidas de protección para este. Lo que las diferencia, es lo institucional de la moneda digital, que cuenta siempre con servicio bancario y las previsiones de la banca, en caso de eventualidades. Las tarjetas prepago, su monto está inmerso en el chip de la tarjeta y es responsabilidad exclusiva de quien la tenga.

En el mundo circulan, más de 160 especies monetarias o monedas oficiales. Muchas de esas monedas, están vinculadas a otras monedas a un tipo de cambio fijo y siguiendo el vaivén de sus economías. En este juego monetario, el dólar por su relación comercial y apego a legalidad tiene aceptación a nivel mundial, eso es confianza.

En el correr de nuestro tiempo, entraron en el mercado financiero, las criptomonedas, que son una forma digital de dinero, que alimenta la tecnología blockchain. Los que lograron poner en el mercado estos productos o criptoactivos, hicieron su agosto, dado que los adquirentes de estas criptomonedas, solo pueden intercambiarlas; las cuales a semejanzas de las monedas Fiat, puedes enviar y recibir, gastar, ahorrar y regalar si son aceptadas.

Se dice que hay cerca de 10.000 criptomonedas en el mercado financiero. De esa cantidad de criptomonedas, las grandes, como Bitcoin y Ethereum están activas en el mercado; así como las pequeñas, como las stablecoin, que están amarradas a monedas fuertes, particularmente al dólar de los Estados Unidos de América, esas criptomonedas tienen su mercado muy particular.

6. LA TECNOLOGÍA EN LA BANCA

Las instituciones financieras que hayan incorporado o estén en proceso de incorporar tecnología digital, deben aprovechar las ventajas y bondades que ofrece esta tecnología de la información y las comunicaciones (TIC), para mejorar los procesos y controles internos, adecuando la información que manejan en sus operaciones, así como para mejorar los servicios de atención a su clientela. Esta nueva tecnología, da la oportunidad de abordar los procesos derivados de las operaciones y la información que de ellas se genera, no solo para ser más eficientes en la prestación del servicio, contando con nuevas herramientas que provee la tecnología digital, sino también para mejorar los controles internos

La mejor opción que ofrece la tecnología digital, que es conectar al cliente desde el exterior con la institución y el mercado, a través de las herramientas de comunicación que ofrece la tecnología, que estarán disponibles a los clientes para realizar conexiones en el mercado y poder movilizar y revisar la información de sus cuentas, desde cualquier lugar que se encuentren La atención al cliente, debe incluir además de darle facilidades para que aperture cuenta, retirar, depositar y transferir fondos, desde y hacia la institución; es que éste pueda hacer uso de sus fondos, con los mecanismos que dispone la tecnología digital, desde cualquier parte del mundo, salvo de aquellos países que presentan limitaciones.

Veamos, que aspectos puede mejorar la banca, para seguridad y control de sus operaciones:

6.1. RIESGO CONSOLIDADO POR CLIENTES

El Banco, aprovechando la tecnología digital, cuya información puede encriptarse, debe elaborar riesgos consolidados por clientes, que incluya depósitos de cualquier tipo, créditos, fianzas, garantías recibidas y otorgadas, participación accionaria y operaciones de confianza; así como medidas o demandas judiciales, entre otras medidas que pudieran representar riesgos directos para la institución. Esta data, será la base para todas las operaciones que realice el cliente con la institución; la cual se irá formando periódicamente con las operaciones activas y los históricos que se generan. Esa data digitalizada, debe estar encriptada, por razones de seguridad, para que solo tenga acceso a ella, los clientes en sus operaciones y el instituto en los tramites con los respectivos clientes. La información de los clientes, que deba ser enviada a las autoridades de control, debe ser de tipo estadístico, los detalles sobre los clientes se darán cuando se presenten situaciones que lo requieran y a instancias de las autoridades administrativas o judiciales.

6.2. OPERACIONES DE DEPÓSITOS

Cualquier operación de depósitos, que realice una persona con la institución, sean depósitos en cuenta corriente, ahorros o a plazo o de otro tipo, debe la institución tener previsto en la programación del software del instituto, que, al acceder el cliente a la base de datos del instituto, se desplegará una pantalla, para que el cliente ingrese sus datos (llenado). Esta data, irá nutriendo la información del riesgo consolidado del banco; a fines que pueda ser aprovechada, en otras operaciones que realice el cliente con la institución. La contabilidad y control interno del banco, debe hacer captura de la data de cada operación de depósito que haga el cliente, proceso que se materializará al recibir el instituto los fondos. Con esta información, el instituto debe formar un inventario digital por clientes y global de sus operaciones, con sus detalles de datos del cliente, monto del depósito, vencimiento, tasa de interés y cotización de la divisa, así como cobro de las comisiones, retenciones e impuestos que procedan.

6.3. OPERACIONES DE CRÉDITOS

Las instituciones financieras que tienen como objeto otorgar financiamiento, deben preparar sus solicitudes de créditos, en un formato que capte del cliente la data, que forma parte del riesgo consolidado, dado que los que tramitan crédito en el instituto, por razones de reciprocidad, deben tener cuenta abierta en el instituto. Data, que debe estar ingresada al sistema de riesgo consolidado. Esto, facilita los trámites al mostrar en la pantalla la solicitud, con los datos que están en riesgo consolidado, que es una data única de todos los clientes. Con el formato de solicitud de crédito, lleno, se procederá a evaluar la solicitud, en caso de ser aprobado, se harán los trámites correspondientes como, suministro de información física confidencial, balances y detalles de las garantías que procedieran, llenando los formatos respectivos y formas que correspondan en caso de avales, fianzas u otras garantías.

Cada operación de crédito, al ser liquidada y depositado los fondos en la cuenta del cliente o aplicado a otra negociación, el instituto debe, guardar información del título o instrumento de crédito físico o digital por clientes y operaciones, más la información física o digital que haya suministrado el cliente, como cédulas, pasaporte, balances u otra información. El inventario, físico o digital encriptado de los documentos de crédito, así como la información en detalles de los datos del cliente y la operación, como: monto del crédito, vencimiento, número de cuotas y monto, tasa de interés, garantía y cotización de la divisa, así como firma física y digital, lo que proceda, más el cobro de las comisiones, retenciones e impuestos correspondientes.

6.4. CARTERA DE INVERSIONES

Las inversiones o colocaciones que haga el banco en otras instituciones, por razones de reciprocidad, deben tener cuenta abierta en el banco, así como los entes que emiten los títulos valores; salvo que correspondan a títulos públicos o privados cotizados en bolsa; lo cual facilita estos trámites de ser colocaciones directas en el instituto emisor de las obligaciones o por compra en el mercado secundario de valores. Para realizar estas transacciones, se le debe desplegar en la pantalla de inversiones, la información del ente que aparezca en el riesgo consolidado del banco, para ingresa o complementar la data del ente emisor y del título valor, con sus características y datos de la compra. Con el formato de inversión, lleno y firmado, se procederá hacer los trámites correspondientes, como suministro de información física confidencial, balances y detalles de la custodia que procediera, llenando los formatos respectivos y formas que correspondan. Cada operación de inversión, al ser liquidado y depositado los fondos en la cuenta del cliente o aplicado a otra negociación, el instituto debe, guardar información del título o instrumento de la inversión físico o digital por clientes y operaciones, con sus características del tipo de operación y acorde a lo que establezca el código de cuenta. Este inventario, físico o digital encriptado, debe tener detalles de datos del ente emisor, monto del título, fecha de emisión y vencimiento, tasa de interés, intereses vencidos, y cotización de la divisa, así como cobro de intereses vencidos, pago de las comisiones, retenciones, impuestos y descuentos que procedan.

6.5. CONTROL DE DISPONIBILIDADES

Los recursos monetarios que maneje la institución, tanto los que mantiene como depósito o encaje legal en banco central, como los que mantiene en tesorería y efectivo en caja, para el flujo diario de operaciones, sea en moneda nacional o moneda extranjera, deben ser objeto de inventario; a los fines, no solo de su control, sino también para colocarlas, si procede y para proveer disponibilidades a las agencias. La movilización de estos recursos, en la actualidad tiene un alto costo en transporte, por lo cual es necesario implementar mecanismos que faciliten la movilización digital de fondos, para reducir costos y para que los clientes no tengan que desplazarse a las oficinas. Este es uno de los grandes aportes, que da la tecnología digital; lo cual requiere proveer herramientas tecnológicas a los clientes, para que dispongan de sus fondos a través de un servicio eficiente e inmediato en cualquier parte, que se encuentren.

6.6. OPERACIONES DE TERCEROS

Las operaciones que se realicen para terceros la banca, como: Custodia de títulos, cobranzas, pago de servicios e impuestos; así como las de confianza, entre otras, el banco deberá tener un inventario detallado de cada una de estas operaciones con sus respectivos datos; identificando al que autoriza la operación, al beneficiario, el tipo de actividad o servicio, detalles de monto, plazo, frecuencia, comisión y liquidación monto y fecha, incluyendo entre otros datos, instrucciones especiales y los cobros periódicos de comisión, si procede. En caso de las operaciones de confianza, sea mandato, fideicomiso u otra operación, el banco si no posee control con software independiente o propio y separado, debe proceder a capturar la data del documento, la identificación del otorgante, beneficiarios, sus detalles o instrucciones para ejecutar la orden o instrucción prevista en el contrato. Cada una de estas operaciones debe estar registrada y controlada por separado, así estén registradas en cuentas de orden o memorándum

6.7. CONTROL INSTITUCIONAL

El banco debe llevar control de las acciones emitidas y suscritas por sus accionistas, con identificación de clase, monto, porcentaje de participación en el monto del capital, nombre de los accionistas del instituto o representantes, las fechas y frecuencias de asambleas y presentaciones de informes; así como el manejo y control de su personal y las actividades con los cuales estén relacionados, como seguros u otras particularices; lo cual incluye a prestadores de servicios directos a la institución y a los que atienden la clientela. Dentro de estos controles internos, debe estar la información enviada y recibida de las autoridades supervisoras y la correspondiente a la parte impositiva o medidas judiciales, que debe estar encriptada y disponible solo a partes interesadas por lo confidencial.

7. LA CONTABILIDAD

Los bancos y demás instituciones financieras deben tener programada su contabilidad para que esta, sea automática y en línea, en la medida que se ejecutan las operaciones; las cuales deben estar amarradas con sus asientos en la contabilidad, como base del registro, cuadre y control, tanto para las operaciones activas, pasivas, patrimoniales, como de cuentas de resultados (gastos e ingresos) y cuentas de orden. Los cuadres o cierres diarios de la contabilidad, estarán entrelazados a las operaciones y registros contables, así como a las actividades de los proveedores con sus clientes, en el mercado, los movimientos monetarios o financieros por las cotizaciones de las divisas, con las cuales operen. Estas conexiones para la cotización de las divisas, debe ser directa de la fuente, que aporta la información y aplicada directamente a cada transacción, para evitar riesgos o sesgos en los inventarios de estas cuentas, que son muy volátiles.

7.1. PARAMETRIZACIÓN DE LAS OPERACIONES

Los programadores, deben parametrizar cada una de las operaciones del banco, a los fines que su contabilidad se ejecute automáticamente y en línea, en la medida en que se realizan sus operaciones. En el proceso de parametrización, las unidades de contabilidad y auditoría de la banca deben dar apoyo y proveer a los programadores, los asientos que correspondan a cada una de las operaciones de activas, pasiva, patrimoniales, de ingresos y gastos, así como las otras operaciones de confianza. Esta parametrización de los asientos, al realizarse una operación ajusta el inventario de cada una de las cuentas, con su respectivo cierre diario, incluidos las operaciones de caja, inversiones, créditos, depósitos, gastos e ingresos, así como los distintos movimientos contables producto de las operaciones que se ejecuten.

7.2. ESTADOS FINANCIEROS

Estos cierres diarios de las operaciones de contabilidad, por la parametrización de los asientos, con la contabilidad automática y en línea, genera al instante y en línea los estados financieros, tantos los balances de comprobación, balance general, estado de resultados, como los movimientos de las cuentas patrimoniales. Al estar la contabilidad automatizada y en línea, proceden automáticamente cierres diarios y en los periodos que se deseen, particularmente los mensuales, que pueden incluir los ajustes que procedan por situaciones imprevistas u otras circunstancias propias de la actividad del negocio financiero o de las decisiones de la asamblea de accionistas o las autoridades de control. Estos balances incluyen los cierres semestrales o anuales, con los cierres o eliminación de las cuentas de ganancias y pérdidas, cuya diferencia se ajusta a las cuentas patrimoniales.

7.3. REGISTROS Y CONTROL

El hecho de estar la contabilidad al día, automáticamente los inventarios de cada una de las cuentas y sus movimientos contables. Es necesario, aprovechar las facilidades y ventajas que da la tecnología digital y las formas en que se puede respaldar y asegurar la data, en un entorno donde la tecnología también la usan los hackers, por lo cual se debe apelar a la ciberseguridad, encriptando la información y protegiendo los enlaces institucionales con los clientes y el mercado, incluido protección hacia lo interno.

CAPÍTULO II
EMPRESAS DEL SISTEMA ASEGURADOR

> «Lo más difícil es la decisión de actuar,
> el resto es mera tenacidad»
> Amelia Earhart.

1. EL SISTEMA ASEGURADOR

El Sistema Asegurador[8], es un negocio masivo de riesgos, soportado en la Ley de los grandes números, entre unidades que buscan protección y entes especializados dispuestos a asumirlos, masificándolos; los cuales documentan a través de contratos o pólizas por ramos, fijando primas actuariales, provisionadas y respaldadas por bienes para cubrir las siniestralidades que pudieran surgir en los bienes ajustables asegurados. Es el mecanismo que soporta y apoya a los otros sistemas componentes del sistema financiero y a la colectividad en general, al ofrecerles respaldo y cobertura ante eventuales riesgos.

El campo del sector asegurador ha ido cambiando por el surgimiento de nuevas expectativas de negocios, con el impulso tecnológico actual, caracterizada por la conectividad, la Big Data, la inteligencia artificial, la robótica, entre otras herramientas. El sector de los seguros se ha sumado a esta nueva ola tecnológica; las cuales están creando cambios donde la clientela demanda soluciones más efectivas y expeditas, el comportamiento de los usuarios ha cambiado y la oferta de productos y servicios, son más competitivos, por lo que las compañías de insurance van a tener que afrontar nuevos modelos de negocio. En los últimos años, la inversión en tecnología ha venido creciendo, como consecuencia de modelos predictivos y el tiempo real de captura de la data está cambiando; así como las formas de promover negocios con soluciones creativas personalizadas

Las empresas de seguro han venido usando el análisis predictivo para anticipar el posible comportamiento de clientes, a través de la recopilación de datos. El análisis predictivo permite identificar posibles riesgos de fraude, triar reclamos, anticiparse a tendencias, detectar clientes en riesgo de cancelación, predecir precios, ente otras soluciones Estos estudios predictivos han demostrado, que las empresas mejoraron sus índices de pérdidas y aumentan sus primas, en comparación con el promedio del mercado en el mismo periodo. Los estudios actuariales, para tomar previsiones de riesgo, evaluar precio de las pólizas y calcular las reservas; así como tomar decisiones, ahora cuentan con herramientas que procesan información (data) de manera inmediata, gracias a la tecnología.

---

[8] Atilio Rojas. (2017). El Sistema Asegurador

2. LA TECNOLOGÍA Y LA ACTIVIDAD ASEGURADORA

Estas tecnologías que han entrado al mercado generan grandes cambios en las relaciones y contactos de las instituciones financieras con su clientela y proveedores de servicios. Sobre el uso de la tecnología de sistemas, tal como lo comenta Francisco González de Audicana Zorraquino[9], (2019) «al dar una visión práctica y jurídica de la influencia y el cambio que producen las nuevas tecnologías en el sector de la banca tradicional, en el sector de los seguros, así como en el ámbito jurídico... Iniciando su exposición por el sector tradicional de la banca que actualmente es acogido por las fintech; la financiación y compra de proyectos, el asesoramiento e inversión según el riesgo o perfil del usuario y los servicios de pago, incluyendo la compraventa de divisas. La perspectiva actual, debe completarse con el auge del dinero digital; las monedas virtuales y su incorporación al Blockchain, sin olvidar el análisis de los datos masivos, es decir, el Big Data. En el campo de los seguros, se dará una perspectiva actual de las insurtech. Para finalizar el análisis en el ámbito jurídico, con los llamados contratos inteligentes o smart contracts, así como la influencia de la inteligencia artificial mediante el software, su repercusión en los servicios jurídicos...»

En el mundo de la tecnología, encontramos empresas como las Legaltech, que utilizan la tecnología, para facilitar la prestación o el acceso a ciertos servicios legales. Asimismo, tenemos las empresas como las Regtech, que son modelos de negocio, dirigidos a crear soluciones, cuya finalidad sea mejorar el cumplimiento normativo de cualquier entidad. En el caso particular de las Insurtech, cuenta con la tecnología para dar apoyo y soporte a las empresas del sistema asegurador en su conexión con proveedores de servicios, clientes y corredores; así como sus relaciones de negocios de coaseguro o reaseguro.

Para el mundo de la actividad aseguradora la tecnología traerá grandes cambios, apoyados en la inteligencia artificial y la robótica, sobre este particular comenta McKinsey[10] (2021) que la impresión 3D remodelará radicalmente la fabricación y los seguros comerciales del futuro. Para 2025, los edificios impresos en 3-D serán comunes y los transportistas deberán evaluar cómo este desarrollo cambia las evaluaciones de riesgo... Para 2030, una proporción mucho mayor de vehículos estándar tendrá características autónomas, como capacidades de conducción autónoma. Los transportistas deberán comprender cómo la presencia cada vez mayor de la robótica en la vida cotidiana y en todas las industrias cambiará los grupos de riesgo.

Para el área de la actividad aseguradora comenta Forbes, que «el aprendizaje automático no solo va a mejorar el procesamiento de reclamaciones, sino que también va a automatizarlo. La tecnología permite analizar los archivos digitales mediante algoritmos programados, mejorando la velocidad y la precisión del procesamiento...»

---

[9] Francisco González de Audicana Zorraquino (2019). Las Fintech B2C Análisis Práctico y Jurídico.

[10] Informe las Empresas de Seguro McKinsey & Company. (2021)

El aprendizaje automático, tiene grandes aplicaciones en el sector de los seguros y se puede trasladar a las reclamaciones, la administración de políticas y la evaluación de riesgos; el cual tendrá alto potencial de impacto para las líneas comerciales de negocios y para las líneas personales, en sus estudios actuariales.

La evolución del sistema de 1D[11] de los países en desarrollo, muestra un marcado paralelismo con el crecimiento de la industrialización.

3. OPERACIONES Y RAMOS DE SEGUROS

Las empresas de seguros, 12 podrán ser autorizadas a operar en los siguientes ramos:

- Vida
- Accidentes y Enfermedades, en algunos de los ramos siguientes:
    a) Accidentes personales
    b) Gastos médicos y
    c) Salud
    d) Daños, en algunos de los ramos siguientes:
    e) Responsabilidad civil y riesgos profesionales
    f) Marítimo y transporte
    g) Incendio
    h) Agrícolas y de animales
    i) Automóviles
    j) Crédito
    k) Caución
    l) Crédito a la vivienda
    m) Garantía financiera
    n) Riesgos catastróficos
    o) Diversos, y especiales.

Las instituciones de seguro podrán realizar el reaseguro, respecto de las operaciones y ramos comprendidos en su autorización.

Las empresas de seguros[12] se obligan mediante el cobro de una prima y para el caso que se produzca el evento, cuyo riesgo es objeto de cobertura, a indemnizar, dentro de los limites pactados en la póliza, el daño producido al asegurado o satisfacer un capital, una renta u otras prestaciones. Para distribuir sus niveles de riesgo, las empresas de seguros recurren al reaseguro, o coaseguro, siempre tomando previsiones.

---

[11] Cita Web. La ingeniería asistida por ordenador unidimensional (CAE 1D), también conocida como simulación de sistemas mecatrónicos, consiste en una simulación de sistemas multidominio en combinación con una serie de controles.

[12] Atilio Rojas (2017). El sistema Asegurador

4. LAS NUEVAS TECNOLOGÍAS EN SEGUROS

Los componentes del sistema asegurador son: Las Empresas de Seguros, Reaseguros, fondos de protección, las Compañías de Corretaje, los Corredores y Asesores, Actuarios, Superintendencia, los proveedores de servicios y asegurados y beneficiarios. Las empresas que forman parte del sistema asegurador pueden contratar tecnología Insurtech, para conseguir hacer más eficiente su organización interna, dando una apertura al mercado, al poder ofrecer nuevos productos o servicios y mejorar las relaciones con sus clientes y proveedores de servicios.

Las nuevas tecnologías, como la Blockchain, Smart Contracts, la inteligencia artificial, la Big Data, la robótica, entre otras tantas TIC que invaden el mercado, son instrumentos que deben aprovechar los componentes de los sistemas aseguradores, para ser más eficientes, instantáneos y seguros, en las relaciones con la clientela y el mercado en general, donde podrán ofertar sus productos y servicios, así como mejorar su organización y procesos internos, apoyándose en las empresas que ofrecen servicios de tecnología, como las Insurtech, Fintech, Techfin, Legaltech y Regtech, entre otras. La ciberseguridad y los contratos inteligentes dan la oportunidad de transparencia y con fiabilidad en la información con los asegurados, proveedores, corredores, actuarios y autoridades; así como el manejo y control para la toma de previsiones de tendencias y riesgos. Estas nuevas tecnologías ofrecen seguridad para el cumplimiento normativo y dan oportunidad de adecuarse a la normativa jurídica establecida en los sistemas aseguradores para las operaciones de seguro y reaseguro, así como para las relaciones con clientes y proveedores. Mercadear los productos y servicios que operan y los nuevos que quieran introducir las empresas de seguro en el mercado, requiere hacer uso de las nuevas técnicas de marketing y disponer de data confiable y oportuna; lo cual facilita esta nueva tecnología.

5. VENTAJAS DE LA TECNOLOGÍA EN LOS SEGUROS

Las instituciones financieras, deben aprovechar las ventajas y bondades que ofrece la tecnología de la información y las comunicaciones (TIC), para adecuar la información que manejan en su estructura interna, así como para mejorar los servicios y atención a su clientela. Esta nueva tecnología, da la oportunidad de abordar los procesos derivados de las operaciones y la información que de ellas se genera, para poder disponer de información que sirva, no solo para ser más eficientes, sino también para mejorar los controles hacia lo interno y externo de las comunicaciones con el mercado. La mejor opción que se vislumbra en el mercado, con el uso de la tecnología, es aquella que conecta a clientes y proveedores con la institución y el mercado. Los clientes se interrelacionan con los proveedores de servicios en el mercado, a través de los medios que ofrecen las empresas de seguros a sus clientes suscriptores de pólizas, de los diferentes ramos y de acuerdo a los servicios que prestan sus proveedores, sea: salud, patrimoniales u otros. La digitalización de las pólizas de seguro, ´permite la conexión directa seguro y proveedor de servicios a los clientes, lo cual representa una mejor atención al cliente y unas mejores relaciones empresas de seguros proveedores de servicios, así como con los corredores, asesores y actuarios, por la disponibilidad e inmediatez de la información.

La mejor atención al cliente debe incluir, además de darle facilidades para que suscriba un contrato de seguro (póliza), ser atendido por cualquier proveedor de servicios, con facilidades en la conexión, desde y hacia la institución; haciendo uso de los mecanismos que dispone la tecnología para acceder a la cobertura de su póliza, en cualquier parte.

Veamos, los aspectos que puede mejorar a lo interno las empresas de seguros, al disponer de tecnología:

5.1. CONTRATACIÓN DE PÓLIZAS EN LÍNEA

Los contratos de pólizas, por ramos, que suscriba una persona con el seguro, debe estar previsto en la programación del software, que, al acceder el cliente a la base de datos del instituto, se abra una pantalla de solicitud para contratar pólizas, donde el cliente ingrese sus datos (llenado). Esta data, irá nutriendo la información del riesgo consolidado del seguro con sus clientes; a fines, que pueda ser aprovechada, en otras operaciones que realice el cliente con el seguro.

En la programación de las operaciones, se debe crear un inventario digitalizado por clientes y operaciones, con sus detalles de datos del cliente, monto de la prima, suma asegurada, vencimiento, numero de cuotas y monto, si hay financiamiento, con o sin intereses, garantía y cotización de la divisa, así como pago de las comisiones a corredores, retenciones, impuestos que procedan y pudiera reflejar la porción de reserva estimada.

5.2. EXPEDIENTE CONSOLIDADO POR CLIENTES

Las empresas del sector asegurador, aprovechando la tecnología digital, deben solicitar a los programadores de la institución, que se programen un desarrollo de un expediente consolidado de sus clientes, que incluya contratación de pólizas, de cualquier tipo, récord de siniestros por pólizas y frecuencia, financiamientos recibidos y forma de pago, fianzas otorgadas, operaciones de confianza; así como medidas o demandas judiciales, entre otras medidas que pudieran afectar la estructura patrimonial del cliente. Esta data, será la base para todas las operaciones que realice el cliente con la institución; la cual se irá formando con las pólizas y siniestros, conformando un históricos o expediente del cliente. Esa data digitalizada, debe estar encriptada, por razones de seguridad, para que solo tenga acceso a ella, el instituto en los tramites con los respectivos clientes.

Las empresas de seguro o de reaseguro, deben aprovechar la tecnología, para elaborar riesgos consolidado de sus clientes, que incluya pólizas de cualquier tipo vigente, créditos, fianzas o garantías recibidas y otorgadas, participación accionaria en la empresa y operaciones de confianza; así como demandas judiciales y un histórico de estas operaciones, entre otras medidas que pudieran tener el cliente que represente un riesgo evidente.

5.3. PÓLIZAS CON FINANCIAMIENTOS

El cliente que haga trámites de pólizas con financiamiento debe el instituto al programar estos financiamientos, que al cliente se le despliegue en pantalla la solicitud, para que cargue sus datos y los de sus beneficiarios. Esta pantalla traerá los datos, que estén contenido en el expediente del cliente, que es una data única, con los datos del cliente. Con el formato de solicitud de crédito lleno, se procederá a evaluar la solicitud, en caso de ser aprobado, se harán los trámites correspondientes y se le notificará al cliente por correo, acompañando la tabla de amortización, para su control y recordatorio de las fechas de pago. En caso, que el trámite sea para solicitud de fianza, deberá llenar la solicitud, que de ser aprobada deberá suministrar información confidencial, de balances y detalles de las garantías que procedieran, llenando los formatos respectivos y formas que correspondan El instituto debe, guardar información del crédito o fianza (físico o digital) por clientes y operaciones. Esta información de los inventarios debe ser encriptada, con detalles de datos del cliente, monto del crédito o fianza, vencimiento, número de cuotas y monto, tasa de interés, garantía y cotización de la divisa, así como cobro de las comisiones, retenciones e impuestos que procedan

6. COBERTURA DE RIESGOS

6.1. CARTERA DE INVERSIONES

Cuando las empresas de seguros inviertan sus fondos financieros en el mercado bancario o de valores, deben tratar de tener cuenta abierta en el instituto o ente donde colocan sus fondos; lo cual facilita estos trámites de ser colocaciones directas en el instituto emisor de las obligaciones o por compra en el mercado de valores, títulos públicos o privados que se cotizan en bolsa. Para capturar esta información, en el software de la empresa se debe desplegar una pantalla, para ingresar la data del ente emisor y del título valor. En el caso de instituciones con las cuales se han realizado inversiones, aparecerán los datos que están en el expediente de ese cliente, que es una data única de todos los clientes, personas naturales e instituciones. Con el formato de inversión, lleno y firmado, se de hacer los trámites correspondientes, como suministro de información física confidencial, balances y detalles de la custodia si procediera, llenando los formatos respectivos y formas que correspondan. Cada operación de inversión, al ser liquidado y depositado los fondos en la cuenta del cliente o aplicado a otra negociación, el instituto debe, guardar información del título o instrumento de la inversión físico o digital por clientes y operaciones, con sus características del tipo de operación y acorde a lo que establezca el código de cuenta. Este inventario, físico o digital encriptado, debe tener detalles de datos del ente emisor, monto del título, fecha de emisión y vencimiento, tasa de interés, intereses vencidos, y cotización de la divisa, así como cobro de intereses vencidos, pago de las comisiones, retenciones, impuestos y descuentos que procedan.

6.2. BIENES QUE RESPALDAN LOS SEGUROS

Las empresas de seguro deben llevar control de los bienes que respaldan las sumas aseguradas, así como de las reservas de las pólizas por ramos de seguro, incluyendo los de contratos dados en coaseguro o reaseguro. Cada una de esta data debe estar actualizada y respalda, manteniéndose encriptada, a fines de seguridad y confidencialidad de la misma, con detalles del ente negociador, contratos y fechas de vencimientos o renovaciones; así como los cobros de comisiones u otras que procedan

6.3. CÁLCULOS Y PROVISIÓN DE RESERVAS

Las empresas de seguro deben programar el cálculo de las reservas de los seguros periódicamente, de acuerdo a lo que establezca la ley o las autoridades de control, detallando las reservas por tipos de seguros, tanto individuales como colectivos, siempre supervisadas y confirmadas por los actuarios que tengan estas responsabilidades; los cuales harán los ajustes que procedan

6.4. OPERACIONES DE TERCEROS

Las operaciones que se realicen para terceros, como custodia de títulos, cobranzas, pago de servicios e impuestos, entre otros, el seguro deberá tener un detalle de cada una de estas operaciones con sus respectivos datos, identificando al que autoriza, al beneficiario, el tipo de actividad o servicio, detalles de monto, plazo, frecuencia, comisión y liquidación monto y fecha, frecuencia, entre otros datos
En caso de las operaciones de confianza, sea mandato fideicomiso u otra operación, el seguro si no posee control con software independiente o propio y separado, debe proceder a capturar la data del documento, la identificación del otorgante, beneficiarios, sus detalles o instrucciones para ejecutar la orden o instrucción. Cada una de estas operaciones debe estar registrada y controlada por separado

7. LA CONTABILIDAD DE LAS EMPRESAS DE SEGUROS

Las empresas de seguro deben tener programada su contabilidad para que esta, sea automática y en línea, realizada en la medida que se ejecutan las operaciones; las cuales deben estar amarradas a la contabilidad, como base del registro, cuadre y control de las operaciones, tanto activas, pasivas, patrimoniales, de cuentas de resultados, gastos o ingresos, con sus cierres diarios. Estas operaciones estarán ajustadas a lo que establezca el código de cuentas impuesto por las autoridades

7.1. PARAMETRIZACIÓN DE LAS OPERACIONES

Los programadores, deben parametrizar cada una de las operaciones del seguro por ramos, a los fines que se ejecuten automáticamente y en línea, en la medida en que se realizan las operaciones. En el proceso de parametrización, la unidad de contabilidad, auditoría y actuarial de la empresa de seguros, deben dar apoyo y proveer a los programadores los asientos y forma de cálculos que correspondan a cada una de las operaciones activas, pasivas, patrimoniales, de ingresos, gastos y las provisiones de reservas, así como las otras operaciones de confianza. Con la parametrización contable, las operaciones que se lleven a cabo, sus asientos contables actualizan en línea la contabilidad; así como el cálculo de las provisiones para reservas.

7.2. ESTADOS FINANCIEROS

Con la parametrización de asientos, la contabilidad automática y en línea, se puede generar al instante los balances de cierre, en los periodos que se deseen, particularmente los mensuales, que pueden incluir los ajustes que procedan por situaciones imprevistas u otras circunstancias propias de la actividad del negocio financiero. Estos balances incluyen los cierres semestrales o anuales, con los cierres o eliminación de las cuentas de ganancias y pérdidas, cuya diferencia se ajusta a las cuentas patrimoniales.

7.3. REGISTROS Y CONTROL

El hecho de tener la contabilidad al día genera automáticamente los inventarios de cada una de las cuentas y sus movimientos contables, incluidas las previsiones (reservas), en el momento que lo deseen.

CAPÍTULO III

EL MERCADO DE CAPITALES:

> Mientras tu sepas quién eres,
> no hay nada que
> demostrar
> William Shakespeare

1. CONCEPTO DE MERCADO DE CAPITALES

El mercado de capitales o mercado de valores[13], es aquel sistema donde se movilizan recursos de mediano y largo plazo, suscritos por parte de algunos sectores que poseen excedentes de liquidez (ahorradores o inversionistas), hacia actividades económicas mediante la negociación de títulos valores, como: bonos u obligaciones, acciones o derivados. El mercado de capitales o de valores, está integrado por emisores de valores, inversionistas, facilitadores e intermediarios, donde se realiza oferta pública de títulos valores, como derechos de crédito, participación y de tradición o representativos de mercancías. Estas instituciones, también se han incorporado a la tecnología digital y han estado asistidas por las empresas proveedoras de la tecnología de la información y las comunicaciones (TIC)[14]. Las tecnologías más recientes, incluyen tecnología y proveedores, como: tecnología iCloud, arquitectura abierta, inteligencia artificial, informática móvil, blockchain e internet de las cosas (IoT), Techfin, Fintech, ESIs, entre otros startups.

El mercado de capitales está constituido por entidades autorreguladas, bajo la forma de sociedades anónimas, en las cuales se negocian títulos privados y públicos, de renta fija o variable o derivados, entre oferentes de fondos, ahorristas o inversionistas, y demandantes de fondos, empresas o instituciones, que colocan sus productos en ese mercado bursátil. En el medio financiero, encontramos dos tipos de mercados:

- Mercados Desarrollados: Son aquellos mercados, activados por los países, con mayores niveles de ingresos, avanzados y estabilidad económica y financiera, con un marco regulatorio definido, en los cuales se ofertan diversidad de productos financieros.
- Mercados Emergentes: En el medio financiero, se conoce como mercados emergentes, aquellos donde participan los países con un rápido crecimiento económico y con gran actividad industrial y comercial. Países con volumen de mercado interno e incremento de las relaciones comerciales con terceros países.

---

[13] Atilio Rojas (1989). Los Fondos del Mercado Monetario

[14] Real Academia Española y Asociación de Academias de la Lengua Española. Versión beta Ortografía de la lengua española (2010). El plural de la sigla TIC (tecnologías de la información y de la comunicación) se indica con el artículo u otro determinante que la acompañe (las TIC, algunas TIC...), y no añadiendo una esa mayúscula (TICS) ni minúscula (TICs)

2. EMPRESAS DEL MERCADO DE CAPITALES

Las empresas autorizadas para operar en el mercado de valores o de capitales, son conocidas en el mercado con varias denominaciones, como: Empresas de Inversión, casas de Bolsa, Empresas de Corretaje, bróker y también con la abreviatura ESIs[15]. La principal actividad de estas instituciones, es prestar servicios de inversión de manera profesional, al estar autorizadas para realizar diversas actividades relacionadas con los mercados de valores. Las actividades o servicios dirigidos a los inversores por estas empresas o bróker, en el mercado de valores, son:

   a) Ejecutar órdenes de compraventa por cuenta de sus clientes.
   b) Administrar carteras de los inversores
   c) Ser intermediarios, cuando las empresas hacen oferta pública de valores.
   d) Depositarios y administradores de valores y productos financieros.
   e) Administrar u operar Fondos Mutuales de renta fija o variable.
   f) Conceder créditos a los inversores, con garantía de los valores
   g) Asesorar a las empresas emisoras y a los inversores.

Los componentes del mercado de capitales son las Bolsas de Valores; Las Casas de Bolsa o Compañías de Corretaje, los Corredores de Títulos Valores, las Superintendencia de Valores, entes de custodia, oferentes de títulos valores, inversionistas y bróker

3. LA TECNOLOGÍA EN EL MERCADO DE CAPITALES

Las instituciones del mercado de capitales cuentan con una estructura operacional y tecnológica, para manejar sus actividades bursátiles; la cual se ha visto reforzada con las nuevas tecnologías que invaden el mercado, como la tecnología blockchain y los contratos inteligentes, que podrían darles mayores niveles de eficiencia en la administración interna, la interconexión con la clientela y el mercado; lo cual tendría incidencia favorable en los costos y disminución de los riesgos asociados a sus transacciones.

---

[15] Guía para el Consumidor CNMV (2006). España. Las ESIs son aquellas entidades financieras cuya actividad principal consiste en prestar servicios de inversión, con carácter profesional, a terceros

Esta complejidad estructural del mercado de valores debe contar con tecnología de punta, capaz de agilizar procesos, reducir costos y brindar márgenes de seguridad. En la bolsa de New york (Wall Street), Nasdaq ha incorporado la tecnología blockchain, con la plataforma Nasdaq Link, que ayuda a intercambiar sus acciones; con una interfaz intuitiva y sencilla, y está formada en parte por la plataforma «Nasdaq Prívate Market». Las empresas que forman estos mercados tienen en sus manos instrumentos para mejorar y hacer más eficiente su organización interna y poder dar una apertura al mercado, al tener la posibilidad de mejorar las relaciones con sus clientes, con mayores márgenes de seguridad y confiabilidad en la información derivada de sus actividades o negocios que realizan; así como la información que ofrecen al mercado.

Las nuevas tecnologías, como Blockchain, Smart Contracts, la inteligencia artificial, la Big Data, la robótica, entre otras tantas TIC que invaden el mercado, son instrumentos que deben aprovechar los componentes de estos mercados, para ser más eficientes, instantáneos y seguros, en las relaciones con la clientela y el mercado en general, donde ofertan sus productos y servicios, para ello pueden apoyarse en estas tecnologías para trazar estrategias de marketing, al contar con empresas que ofrecen servicios de tecnología, como las Fintech, Techfin, Legaltech y Regtech, entre otras.

La ciberseguridad y los contratos inteligentes dan la oportunidad de transparencia y con fiabilidad en la información que se maneja en estos mercados; así como para tomar previsiones de tendencias de riesgos en el mercado. Estas nuevas tecnologías, ofrecen seguridad para el cumplimiento normativo y dan oportunidad de adecuarse a la normativa jurídica establecidas en los mercados.

4. VENTAJAS DE LA TECNOLOGÍA EN EL MERCADO DE CAPITALES

La nueva tecnología para operar en el mercado de capitales da a sus integrantes ventajas, como las que se señalan a continuación:

- Automatización de los procesos:
- Procesos se hacen más eficientes
- Aprovechar ventajas de la tecnología blockchain
- Cuentas conciliadas al instante
- Cobertura de Mercado:
- Contratos inteligentes:
- Confiabilidad y Controles en línea

5. PROCESOS TECNOLÓGICOS EN EL MERCADO DE CAPITALES

En el mercado de valores, se tranzan tantas operaciones, entre diversos inversionistas oferentes y demandantes, aunados al corro donde se ejecutan estas transacciones, las casas de bolsa, bróker, tradings, emisores de los títulos valores y custodios; así como las autoridades de control. Cada una de las personas e instituciones que participan en las operaciones del mercado de valores, debe tener control sobre sus propias operaciones y las que manejan para terceros.

5.1. OPERACIONES DE COMPRAVENTA DE TÍTULOS VALORES

Las empresas del mercado de valores, sus softwares deben tener previsto en su programación, que, al realizar cualquier operación, automáticamente se abra en pantalla, un formato, que permita al cliente ingresar sus datos y los de la operación que va a realizar (llenado) directamente. Esta data, irá nutriendo la información del riesgo consolidado del cliente; a fines que pueda ser aprovechada, en otras operaciones que realice el cliente con el operador.

Las Cajas de Valores, bróker y las empresas del mercado de capitales que manejen cartera de clientes, deben llevar un registro de todas las operaciones relacionadas con estos títulos valores; así como de cada uno de los beneficiarios o titulares de estos bienes o valores que conforman estas carteras Con el formato de solicitud de compraventa de títulos valores lleno, se procederá a tramitar la solicitud en el mercado, sea compra o venta de los títulos de la cartera.

Cada operación de bolsa, en caso de compra deberá ser depositado los fondos en la cuenta del cliente y de proceder la venta, el instituto recibirá en su cuenta el monto de la operación, con la deducción de las comisiones que procedan. Las casas de bolsa, empresas de corretaje, las cajas de valores, bróker y las empresas que manejen carteras deben llevar inventario, físico o digital encriptado, con detalles de datos del cliente, monto de los títulos, vencimiento, tasa de interés, garantía y cotización de los títulos y la divisa, así como cobro de las comisiones, retenciones e impuestos que procedan

5.2. RIESGO CONSOLIDADO POR CLIENTES

Las empresas del mercado de capitales, aprovechando la tecnología, deben elaborar un riesgo consolidado por clientes, que incluya inversiones de cualquier tipo, créditos, garantías recibidas y otorgadas, participación accionaria y operaciones de confianza; sean carteras administradas o propias, así como las compraventas que realicen por cuenta de terceros. A cada cliente, automáticamente se le debe abrir un expediente que incluya; además de sus datos y operaciones, información sobre medidas o demandas judiciales, entre otras medidas que pudieran afectar la estructura patrimonial del cliente.

5.3. CONTROL INSTITUCIONAL

Las empresas del mercado de valores, además de las operaciones que tranzan de sus clientes y relacionados, deben llevar control de sus accionistas, las fechas y frecuencias de asambleas y presentaciones de informes; así como el manejo y control de su personal y las actividades con los cuales estén relacionados, como seguros u otras particularices; lo cual incluye a los corredores que atienden la clientela. Dentro de estos controles internos, debe estar la información enviada y recibida de las autoridades supervisoras y la correspondiente a la parte impositiva o medidas judiciales, que debe estar encriptada y disponible solo a partes interesadas por lo confidencial.

6. LOS CONTRATOS INTELIGENTES:

A los contratos inteligentes (Smart Contracts) los caracteriza, además de su marco legal, que determina lo que pueden o no hacer las partes intervinientes; que pueden ejecutarse estos contratos, ejecutándose lo establecido, de manera autónoma y automática, sin terceros intermediarios. Son programas de computación, que los términos del contrato están expresados en sentencias y comandos en el código informático que lo forma, conocidos como «scripts» y no en el lenguaje legal tradicional, que se ejecuta automáticamente, a través de la tecnología blockchain, que le da el carácter descentralizado, inmutable y transparente, no depende de autoridades, se eliminan costos y burocracia.

Comenta Zunzunegui[16] (2020), que «los principales fundamentos y desafíos regulatorios de las nuevas tecnologías en el mundo del derecho y finanzas. Las nuevas tecnologías, tales como el blockchain, inteligencia artificial, machine learning, deep learning y Big Data, y de esta forma maneje elementos básicos de programación y robótica; así como los desafíos regulatorios de estas tecnologías, su legalidad, con énfasis en las criptomonedas, el futuro de la banca y los servicios de pago y el uso de las tecnologías para el cumplimiento normativo (Regtech) y la forma en que las nuevas tecnologías están transformando la normativa jurídica (Legaltech)...»

Alcance y ventajas de los smart contracts:
   a) Opciones más seguras en los contratos
   b) Ahorros de costos y tiempo
   c) La criptografía, elemento principal de esta tecnología por su seguridad.
   d) Smart contracts: scripts (archivos y ordenes) autoejecutables.
   e) Flujos de trabajo distribuidos y automatizados.
   f) Almacenados los scripts en la cadena de bloques.
   g) Lenguaje de programación que no está sujeto a interpretaciones
   h) El contrato inteligente no necesita de un intermediario.
   i) El contrato inteligente, encriptado en la cadena de bloques
   j) Data automatizada, distribuida, descentralizada, Transparente e Inmutables.

---

[16] Fernando Zunzunegui (2020) Fintech, Regtech y Legaltech: Fundamentos y Desafíos Regulatorios

6. LA CONTABILIDAD DE LAS EMPRESAS DEL MERCADO DE CAPITALES

Las empresas e instituciones participantes en el mercado de capitales deben tener su contabilidad programada, para que esta, sea automática y en línea, realizada en la medida que se ejecutan las operaciones, las cuales deben ser amarradas a la contabilidad, como base del registro, cuadre y control, tanto para las operaciones de bolsa y aquellas operaciones activas, pasivas, patrimoniales, cuentas de resultados (gastos o ingresos). Las cuentas de la administración de carteras, fondos mutuales, también deben hacer cuadres y cierres diarios, entrelazando las actividades de los corredores o bróker con sus clientes, como los movimientos monetarios o financieros del mercado con las cotizaciones de las divisas, con las cuales operen.

Las bolsas y las otras empresas, instituciones o personas del mercado de capitales, dependiendo del producto o cartera que administren, deben ajustar la contabilidad a estos instrumentos y tomar medidas de prevención y control en sus operaciones y las actividades con sus clientes y de estos con el mercado, en sus operaciones o movimientos diarios. Para tener al día la contabilidad, deben realizar lo siguiente:

6.1. PARAMETRIZACIÓN DE LAS OPERACIONES

Los programadores, deben parametrizar cada operación de las empresas del mercado de capitales, especialmente las actividades relacionadas con su objeto social, para que su contabilidad se ejecute automáticamente y en línea. En el proceso de parametrización, la unidad de Inversiones, contabilidad y auditoría, deben dar apoyo y proveer a los programadores los asientos que correspondan a cada una de las operaciones de activas, pasiva, patrimoniales, de ingresos y gastos, así como las otras operaciones de confianza. Esta parametrización de los asientos va ajustada al inventario de cada una de las cuentas, con su respectivo cierre diario, incluidos las operaciones de caja, inversiones, gastos e ingresos, así como los distintos movimientos contables
Las operaciones de cualquier fondo mutual, que manejen, sea de renta fija, variable, mixto o con productos derivados; que tendrán una contabilidad y registro independiente; así como la cotización de inversiones; a los fines de determinar su posición o cotización en el mercado. Las empresas que administran estos fondos, al realizar las inversiones deben manejar y controlar los títulos valores que adquieran, su participación en los activos del fondo, con sus registros y controles financieros; así como reportando información a las autoridades de control y los participantes.

6.2. CONTABILIZACIÓN DE LOS TÍTULOS VALORES

Los títulos valores adquiridos por las instituciones para sí, deben contabilizarlos atendiendo a la condición, si son adquiridos para mantenerlos hasta el vencimiento, si son adquiridos para la venta o para cotizarlos en bolsa. Asimismo, los títulos según disposición para circular en el mercado son: Al portador, a la orden y nominativos.

6.3. ESTADOS FINANCIEROS

Los procesos automáticos de la contabilidad en línea permiten hacer cierres diarios de las operaciones, por la parametrización de los asientos. Con esto la contabilidad, genera al instante y en línea los balances, con la posibilidad de hacer cierres diarios y en los periodos que se deseen, particularmente, los mensuales, que pueden incluir los ajustes que procedan por situaciones imprevistas u otras circunstancias propias de la actividad del negocio financiero. Estos balances, incluyen los conocidos cierres semestrales o anuales, con los cierres o eliminación de las cuentas de ganancias y pérdidas, cuyo diferencial se ajusta a las cuentas patrimoniales. Los fondos mutuales, sean de renta fija o variable, pueden hacer sus cierres diarios y en los periodos que deseen.

Es necesario, aprovechar las facilidades y ventajas que da la tecnología digital y las formas en que se puede respaldar y asegurar la data, en un entorno donde la tecnología también la usan los hackers, por lo cual se debe apelar a la ciberseguridad, encriptando la información y protegiendo los enlaces institucionales con los clientes y el mercado, incluido protección hacia lo interno.

CAPÍTULO IV
LAS EMPRESAS DE APOYO TECNOLÓGICO

> «Está bien celebrar el éxito,
> pero es más importante
> prestar atención a las
> lecciones del fracaso»
> Bill Gates

1. PROVEEDORES DE TECNOLOGÍA

El mundo de la tecnología y la informática está integrado por un conjunto de empresas, un conglomerado de personas, que proveen y dan apoyo tecnológico a las instituciones financieras, en software, hardware y desarrollos tecnológicos. Dentro de estas empresas de tecnología, tenemos las que ofertan hardware y software para sus actividades internas u operativas, y las que ofertan desarrollos tecnológicos y de mantenimiento para sus operaciones: así como las actividades relacionadas con su clientela o enlace externo; entre las cuales están las empresas proveedoras de hardware, las de desarrollo de software y las empresas llamadas Fintech, Bigtech, Techfin, Legaltech, Insurtech y Proptech, así como las empresas de desarrollos de software para los sistemas de registros distribuidos, «Blockchain»; datos a gran escala, contratos inteligentes, monedas virtuales y las de plataformas de financiación, entre otras, que dan soporte y apoyo al sistema financiero:

1.1. LAS MAYORES EMPRESAS DE TECNOLOGÍA:

En este grupo de empresas de tecnología, se incluyen aquellas, que hacen grandes inversiones en diversos desarrollos tecnológicos, en software con sus componentes de hardware, incluidos los chips de funcionamiento, la inteligencia artificial, la robótica y la computación cuántica, que involucran a las grandes potencias del mundo.

Las principales o más grandes empresas de tecnología, por la penetración de mercado y control que tienen, no solo a nivel tecnológico, sino también en el orden social, son:

1. Apple.
2. Microsoft.
3. Alphabet (Google)
4. Amazon
5. Tesla.
6. NVIDIA.
7. TMSC.
8. Meta Platforms. (Facebook)
9. Samsung
10. Alibaba Group

Además de estas diez (10) grandes empresas, mejor posicionadas en occidente, también tienen amplia cobertura de mercado, las grandes tecnológicas chinas, que son las denominadas empresas BATX, como Baidu, Alibaba, Tencent, Xiaomi y Huawei, entre otras en otros países, que no quieren quedar atrás en esta evolución tecnológica.

1.2. LAS EMPRESAS DE TECNOLOGÍA DE SISTEMAS

Desde los inicios de esta disciplina, conocida como computación, informática o tecnología de la información; la cual es la ciencia que se encarga de estudiar, valorar o ampliar los equipos tecnológicos y digitales, así como se encarga de estudiar la administración de medios, ampliar y entender las técnicas y los procesos de las computadoras u ordenadores, aparte del funcionamiento de los equipos periféricos que pueden trabajar con la misma tecnología.

En mercado existe suficiente oferta de servicios para las instituciones financieras, sean bancos, empresas de seguro o empresas del mercado de capitales, a los fines que puedan prestar servicios acordes a la evolución de la tecnología, que haga más eficiente la interrelación de las instituciones financieras con su clientela.

La tecnología puede ayudar a competir de muchas formas, al habilitar los medios que hagan más fácil, ir tras los propósitos que constituyen el fundamento de las estrategias de las instituciones financieras, como:

- Captar clientes
- Adaptar la automatización inteligente
- Desplegar más servicios y APIs abiertas
- Superar barreras
- Cambiar infraestructura
- Obtener buenos resultados

Las empresas de tecnología, que dan soporte y asistencia a las instituciones del sistema financiero, son aquellas que venden y alquilan hardware y las que desarrollan software; así como las que dan soporte y apoyo para la conexión de las instituciones financieras con sus clientes, entre ellas las fintech, techfin e insurtech, entre otras.

2. LAS EMPRESAS DE TECNOLOGÍA

2.1. LAS EMPRESAS FINTECH

El término fintech, es abreviatura de las palabras en inglés Finance and Technology, hace referencia a aquellas actividades que impliquen, el empleo de la innovación y los desarrollos tecnológicos para el diseño, oferta y prestación de productos y servicios financieros para instituciones establecidas. Como lo señala, Maestre[17] (2020), que «Fintech es la unión entre las palabras finance y technology (tecnología financiera, en español). Este concepto engloba un amplio espectro, que incluye a las empresas del sector, que utilizan las más recientes tecnologías para crear soluciones y productos financieros novedosos»

Las fintech ofrecen herramientas y soluciones tecnológicas eficientes, sencillas, y con costos razonables a sus clientes; las cuales se agrupan en cuatro segmentos:

- Herramientas para operar y habilitar medios de pago
- Para conocer al cliente
- Seguridad en la identificación de personas
- Manejo de dinero y operaciones electrónica

Las fintech que operan en las actividades bancarias, tienen una estrecha relación con las insurtech, de las empresas de seguro y las finanzas; las cuales deben su desarrollo al impulso de la digitalización, al nacimiento de las startups y a las técnicas aplicadas como la Inteligencia Artificial, la Big Data, el Machine Learning o el IoT y la automatización, entre otras herramientas.

El autor, Bruno Diniz (2019) en su obra O Fenómeno Fintech, «aborda el fenómeno fintech y explica, la evolución de este mercado en Brasil y en el mundo, de cómo se ha ido organizando y cuáles son las principales tendencias para el futuro del sector financiero, para que los consumidores comprendan, cómo su vida diaria se verá cada vez más afectadas por todos estos cambios Las empresas fintech, son las instituciones que unen tecnología y finanzas, con el objetivo de crear y obtener servicios financieros fáciles de procesar y contratar, que permitan acceso a los que quieran invertir o prestar dinero con esta modalidad»
Las fintech, son aquellas empresas que operan y proveen tecnología de comunicación a las instituciones financieras con sus clientes.

---

[17] RAÚL JAIME MAESTRE. (2020) Que son las Fintech. Director del Master de Proyectos en Blockchain y Fintech en Algoritmia – Instituto Europeo de Formación Tecnológica

La tecnología digital, abre las posibilidades para el desarrollo de contratos inteligentes, que son programas informáticos almacenados en cadenas de bloques (blockchain), que están programados para que se ejecuten cuando se cumplen las condiciones predeterminadas que se haya establecido; con lo cual se asegura el cumplimiento y ejecución de los acuerdos registrados.

2.2. LAS EMPRESAS INSURTECH

Las Insurtech son aquellas empresas que operan y dan apoyo tecnológico, especialmente a las empresas del sistema asegurador; las cuales aprovechan la tecnología de la información y las comunicaciones para innovar y desarrollar productos y servicios, más asequibles a sus clientes; con lo cual logran mejores resultados financieros, reducir costos y poder tener una administración más eficiente. Las insurtech, son startup de seguros, que buscan aportar más eficiencia al sector asegurador, a través de la tecnología y su espíritu innovador.

Las Insurtech que apoyan a los seguros y las Fintech a la banca y las finanzas o bolsas; deben su desarrollo al impulso de la digitalización, el nacimiento de las startups y a las técnicas aplicadas como blockchain, la Inteligencia Artificial, la Big Data, el Machine Learning o el IoT, entre otras herramientas. Entre estas herramientas, la automatización, ha permitido a instituciones como las techfin, fintech y insurtech, acortar los tiempos de respuesta en la ejecución de actividades y aumentar el valor de la eficiencia de los colaboradores. Estas plataformas tecnológicas, logran ahorrar hasta la mitad del tiempo, a las instituciones y su personal en la ejecución de sus actividades.

2.3. LAS EMPRESAS TECHFIN

Las empresas de tecnología Techfin[18], son aquellas empresas que incursionan en el sector financiero, ofreciendo productos y servicios tecnológicos innovadores y, por supuesto, alineados con las necesidades de sus clientes. Estas empresas, lanzan al mercado soluciones financieras integradas al sistema de gestión interno de las instituciones, trabajando con este tipo de recursos y brindando una vista centralizada de los datos en la misma interfaz. Aprovechan la experiencia y data que tienen las empresas; así como la base de clientes para ofrecer servicios financieros diferenciados y optimizados, en comparación a los proveedores tradicionales dentro del mercado.

Estas empresas de tecnología compiten en el mercado financiero, con las empresas Fintech, Insurtech y otras empresas que dan apoyo tecnológico a la banca, los seguros y las empresas del mercado de capitales.

---

[18] Es un término creado por Jack Ma, fundador de Alibaba. Este inversionista y empresario creó el primer modelo de Techfin al incorporar junto al grupo BAT (Baidu, Alibaba y Tencent) productos financieros a aplicaciones ya populares

2.4. OTRAS EMPRESAS DE TECNOLOGÍA

En el mercado operan diversas empresas que ofrecen soluciones tecnológicas, como las empresas comentadas de techfin, fintech e insurtech. Asimismo, operan otras que dan apoyo tecnológico, en sus respectivas especialidades, como las empresas:

- Bigtech: son empresas tecnológicas cuyo modelo de negocio se centra en la explotación de tecnologías digitales y también de datos,
- RegTech: es la mezcla de los términos en inglés «regulations» y «technology» que vinculan el poder de la tecnología con las demandas regulatorias.
- Legaltech: término que viene de la unión de las palabras en inglés legal y technology, se ha relacionado con aquellos desarrollos tecnológicos para las áreas jurídicas de las instituciones.
- Proptech: permite a las empresas aprovechar los avances tecnológicos y el uso de internet para reinventar las empresas inmobiliarias tradicionales al formato digital.

3. DIFERENCIAS ENTRE TECHFIN, FINTECH E INSURTECH:

Veamos algunas de las diferencias, que tienen estas empresas de tecnología, que están dando apoyo al mercado financiero, particularmente a los bancos, empresas de seguro y al mercado de capitales:

- Las Techfin, son empresas encargadas de digitalizar procesos con base en las capacidades tecnológicas de las organizaciones que atienden y las Fintech e Insurtech, crean nuevas operaciones digitales[19] que sería muy difícil de ejecutar siendo analógicas.
- Las diferencias entre Techfin con respecto a Fintech e Insurtech, es que las primeras son un grupo de empresas que logran llevar o poner en funcionamiento a empresas tradicionales con nueva tecnología en el manejo de sus productos y servicios y las segundas, Fintech e Insurtech, son empresas fundamentadas en implementar operaciones financieras digitales, con nueva tecnología.

4. CLASIFICACIÓN DE LAS EMPRESAS DE TECNOLOGÍA:

Las empresas de tecnología, atendiendo al tipo de productos o servicios ofrecidos, o al modelo de negocio, pueden ser clasificadas en diferentes grupos:

---

[19] Cita Wikipedia. Una señal analógica es continua, y puede tomar infinitos valores. Una señal digital es discontinua, y sólo puede tomar dos valores o estados: 0 y 1, que pueden ser impulsos eléctricos de baja y alta tensión, interruptores abiertos o cerrados

- Las de Asesoramiento y Gestión: Son plataformas que ofrecen asesoramiento y/o se gestiona capital de los clientes, utilizando procedimientos automatizados que incluyen complejos algoritmos o inteligencia artificial, y que abarcan desde la realización del test de perfil del cliente, hasta la toma de decisiones de inversión y su ejecución automática, apoyándose en: Quan advisors, Robo advisors, Social trading y Finanzas personales.
- Las que Ofrecen Esquema de Financiamiento Alternativo, como:

    a) Préstamos rápidos online: préstamos de pequeños importes, a través de plataformas.
    b) Financiación participativa: A través de una plataforma, ponen en contacto promotores con una pluralidad de inversores particulares.

Estos financiamientos, son conocidos como crowdfunding, puede ser a través de préstamos (crowd lending) o mediante la emisión de determinados instrumentos financieros (crowd equity) como son las acciones, las participaciones sociales o los bonos. Servicios de pago mediante dispositivos móviles o electrónicos.

- Las Fintech, Insurtech, Techfin y otras usan la herramienta Big Data: Se incluyen en esta categoría todas aquellas entidades que generan valor añadido, mediante el análisis de un gran volumen de datos, pudiendo utilizar técnicas de inteligencia artificial.
- Las que prestan Servicios: Dentro de estos grupos de empresas, también están las que prestan servicios de Identificación online, a distancia de personas utilizando las nuevas tecnologías, como la biometría. Sustituyendo la tradicional contraseña, para acceder a las plataformas por nuevos métodos como pueden ser la identificación facial, voz o dactilar.

5. EVOLUCIÓN DE LAS EMPRESAS DE TECNOLOGÍA:

El sistema bancario, de seguros y de capitales se han ido adaptando a las transformaciones tecnológicas y a las exigencias del mercado; reinventándose y generando cambios de hábitos en la sociedad, particularmente en su clientela. La aparición de nuevos jugadores (players), como las empresas fintech, techfin e insurtech representan nuevos retos para las instituciones financieras.

Comenta Savero[20] (2020) en su obra la Expansión de las Fintech en China, que «las financieras que operan desde plataformas de internet (fintech) se han desarrollado en muchos mercados del mundo en los últimos años, promoviendo grandes transformaciones en el sistema financiero de los países y en el mercado global, contribuyendo a la inclusión financiera y obligando incluso a modificar las operaciones de los bancos».

---

[20] Julio Sevares Resumen. (2020). The expansion of Fintech companies in China and the government's regulatory responses. Resumen

La banca, los seguros y el mercado de capitales chino, ha creado sus propias empresas tecnológicas, como las fintech o insurtech y otras se han asociado con estas empresas; así como desarrollan la banca inteligente y usan la Big Data, la inteligencia artificial y computación en la nube para mejorar el nivel de servicios al público, con bancos automáticos basado en 5G.

6. VENTAJAS PARA CONTRATAR SERVICIOS:

- Posicionarse con servicios financieros novedosos
- Añadir valor sobre los servicios financieros existentes
- Simplificar procesos, que ahora requieren de muchos intermediarios
- Lograr una eficiencia mayor, a nivel de costes
- Volver más accesibles los productos financieros y trabajar con transparencia
- Ofrecer mejores soluciones, mediante las bondades de la tecnología.

La banca, los seguros y empresas del mercado de capitales, que operan de forma tradicional, dependiendo de su capacidad financiera, deben buscar asociación estratégica, con las empresas proveedoras de tecnología, para participar en actividades estratégicas para un mejor desempeño de sus negocios, como:

a) Para el otorgamiento de préstamos y créditos online (Crowdfunding).
b) Actuar en la banca móvil, en línea.
c) Entrar al sector blockchain, con nuevas soluciones
d) Contratos inteligentes
e) Esquemas de pagos móvil: Permitiendo a los usuarios pagar productos, servicios
f) Realizar Inversiones: Accediendo a una cantidad de datos, con algoritmos
g) Crear enlace con la clientela
h) Contratar pólizas e interrelacionar a corredores, prestadores y usuarios del servicio

Las autoridades de control de las instituciones financieras deben buscar también meterse en estos cambios tecnológicos y especializando su personal y dejar de lado esos recetarios de información que exigen, a los entes que controlan, para que se los pidan a la clientela. Lo que se requiere, para honrar los créditos, es capacidad de pago y garantías en los conceptos que procedan y que haya una economía saludable y seguridad jurídica.

El futuro del sector fintech y otras empresas de tecnología, según Castellanou Tomas[21] (2022) «es prometedor, presenta buenas perspectivas, con sectores como EdTech, Fintech, servicios B2B, SaaS y comercio electrónico liderando el camino...» La disrupción que estas empresas han generado en el mercado se nota. La digitalización ha transformado tanto, incluido la forma de utilizar nuestro dinero.

La transformación del sistema financiero en su conjunto, con actividades tan diversas como criptomonedas, pagos digitales, métodos alternativos de préstamo como las plataformas de fondeo colectivo (crowdfunding), calificación crediticia, inversiones, seguros y asesoría automatizada. El sistema financiero, ha estado influido por los avances tecnológicos y la expansión de la infraestructura disponible (Expansión de internet, los teléfonos inteligentes, la tecnología de registros compartidos blockchain, el cómputo de alta velocidad, el progreso criptográfico y el aprendizaje automático); así como una respuesta no atendida a las exigencias del mercado y sus usuarios, por las instituciones tradicionales (productos y servicios no satisfactorios, costos elevados, procedimientos complicados): así como un innumerable petitorio de información nada útil.

La incorporación de las Fintech, insurtech y techfin al sistema financiero ha sido disruptivo y ha llevado a las instituciones financieras a iniciar un proceso de adaptación mediante la inversión en nuevas tecnologías y la asociación con empresas tecnológicas. La evolución de estas empresas en Europa, Asia y América ha sido impactante. En el caso de China, que tiene el mercado más grande del mundo, medido tanto por el valor de las transacciones como por el número de usuarios de estos servicios. Las empresas, han logrado penetrar ese mercado, que tiene corporaciones financieras extranjeras y nacionales; en las cuales las Fintech, insurtech y techfin han tenido éxito, por necesidades reales del mercado, como por la evolución de la tecnología y el comercio electrónico e internet, a través del celular.

---

[21] Rosa Castellnou Tomàs (2022). El Inmenso Futuro del Sector Fintech

7. LICENCIAS PARA OPERAR EN EL MEDIO FINANCIERO:

En así todos los países, se establecen controles sobre aquellas instituciones que les prestan servicios a las instituciones financieras, que atienden actividades públicas, y que son objeto de autorización y permiso del estado para realizar sus actividades, como es el caso de la banca, empresas de seguro, el mercado de capitales y algunas de las que manejan criptoactivos. Atendiendo a estas exigencias estatales, las empresas de tecnología, como las Fintech[22] y otras deben tramitar sus permisos respectivos, para sus operaciones y para la prestación de servicios a sus clientes en esos países Entre los argumentos para estos controles o regulaciones, además del rol de estado, se comenta que estas nuevas tecnologías, personalizan al cliente; lo cual dificulta la comparación, entre prestar servicios o inducir al cliente o potencial cliente a tomar decisiones de inversión, condicionadas por preferencias marcadas.

El sistema financiero se ha visto impactado, últimamente, por el desarrollo de los procesos tecnológicos y financieros, que han introducido nuevos factores al mercado, entre ellos las criptomonedas, las cuales han invadido al mercado, junto a empresas de tecnología, desarrolladores y operadores diversos. «Estamos en un tiempo, donde las necesidades se crean, mire solo su celular, salga sin ese equipo...»

---

[22] Al contratar los servicios de una empresa Fintech en España, se debe comprobar que está autorizado por la Comisión Nacional de Valores y que disponga de fondos suficiente para estas operaciones

CAPÍTULO V

LAS EMPRESAS DE TECNOLOGÍA TIC

> La persistencia es muy importante.
> No debes rendirte a menos que
> Estés obligado a rendirte
> Elton Musk

1. CONCEPTO DE TECNOLOGÍA DE LA INFORMACIÓN Y LAS COMUNICACIONES (TIC)

La abreviatura «TIC», corresponden a las siglas en español de Tecnologías de la Información y las Comunicaciones, siendo en inglés «ICT» (Information and Communications Technology). El elemento más poderoso que integra las TIC es la Internet, que ha llevado a la configuración de la llamada Sociedad de la Información. Hay tantas definiciones de lo que son las TIC, veamos las siguientes:

- Comenta Graells[23] (2000), «que las tecnologías de la información y comunicación son el conjunto de avances tecnológicos, posibilitados por la informática, las telecomunicaciones y las tecnologías audiovisuales, todas éstas proporcionan herramientas para el tratamiento y la difusión de la información y contar con diversos canales de comunicación».
- Thompson y Strickland[24] (2004), quienes la definen como «aquellos dispositivos, herramientas, equipos y componentes electrónicos, capaces de manipular información que soportan el desarrollo y crecimiento económico de cualquier organización».
- Jesús Salinas[25] (2008), comenta que «las TIC son cambiantes, siguiendo el ritmo de los continuos avances científicos y en un marco de globalización económica y cultural, contribuyen a que los conocimientos sean efímeros y a la continua emergencia de nuevos valores, provocando cambios en nuestras estructuras económicas, sociales y culturales, e incidiendo en casi todos los aspectos de nuestra vida...»

---

[23] Cita Raquel Rodríguez Fernández, Valoración y utilización de las tecnologías de la información y las comunicaciones (tic) en la educación universitaria. Cuadernos Universitarios .2010. Marquès Graells, P. (2000). Impacto de las TIC en la Enseñanza Universitaria

[24] Thompson y Strickland. (2004) tecnología de la información y las comunicaciones

[25] Julio Salinas (2008). Tecnología de la Información

Las TIC, encierran a aquellas herramientas tecnológicas, imprescindibles para el desarrollo y ejecución de los procesos y operaciones en las diferentes disciplinas del conocimiento, al formar parte del conjunto de tecnología desarrolladas, recursos, herramientas, equipos, programas informáticos, aplicaciones, redes y medios; que permiten la compilación, procesamiento, almacenamiento, transmisión de información por los canales disponibles, como: voz, datos, texto, video e imágenes; lo que constituye la evolución tecnológica.

2. CARACTERÍSTICAS DE LAS TIC

A fines de destacar las características de las TIC, tómenos como referencia, la compilación que realizó Cabero[26] (1998); las cuales resumimos, así:

- Inmaterialidad.
- Interactividad.
- Interconexión.
- Instantaneidad.
- Calidad de imagen y sonido.
- Digitalización.
- Innovación.
- Tendencia hacia automatización.

En este resumen, podemos apreciar las características más destacadas de la tecnología de la información y las comunicaciones (TIC).

3. TIPOS DE TECNOLOGÍAS TIC:

En el mercado, resaltan algunos tipos de tecnologías de la información y la comunicación, relacionados con las redes, los terminales, equipos y servicios:

3.1. Redes:

Las redes son sistemas de comunicación, que conectan hardware, software y sus usuarios. Entre las ventajas de las redes, están el intercambiar y compartir información, compartir recursos, mayor efectividad, y homogeneidad en las aplicaciones, y se refieren a:

- Redes telefónicas: Con su tecnología fija, Telefonía Móvil y Banda ancha,
- Redes de televisión: Televisión terrestre, por satélites, por cable e internet.
- Redes en el hogar: mediante cables Ethernet o inalámbrica.

---

[26] Julio Cabero (1998), Tecnología de la información

3.2. Terminales y equipos:

Los terminales y equipos son los puntos de acceso, que tienen las personas a la información global. Estos son los elementos, que más han evolucionado, como:

- Computadora
- Sistemas operativos para ordenadores;
- Televisores;
- Navegador de Internet;
- Teléfonos inteligentes;
- Consolas de videojuegos;
- Tabletas;
- Dispositivos de audio y video; entre otros.

3.3. Servicios:

El amplio espectro de servicios, ofrecidos por las redes, los terminales y equipos, entre los cuales destacan:

- Correo electrónico;
- Educación a distancia;
- Juegos en línea;
- Blogs;
- Comercio electrónico;
- Búsqueda de información;
- Administración electrónica;
- Banca online;
- Almacenamiento en la nube;
- Servicios de entretenimiento; entre otros.

4. ELEMENTOS DE LA TECNOLOGÍA TIC

Entre los distintos elementos o componentes de la tecnología de la información y las comunicaciones (TIC), resaltan:

- La Programación: Es el proceso de formar un algoritmo y codificarlo en una notación, un lenguaje de programación, de modo que pueda ser ejecutado por una computadora. Aunque existen muchos lenguajes de programación y muchos tipos diferentes de computadoras, el primer paso es la necesidad de tener una solución. Sin un algoritmo no puede haber un programa.
- El Lenguaje de Programación: Es un idioma artificial prediseñado formado por signos, palabras y símbolos que permite la comunicación entre el programador y el ordenador.

Las instrucciones que sigue el ordenador para la ejecución de aplicaciones y programas están escritas en lenguaje de programación, que luego son traducidas a un lenguaje de máquina, que puede ser interpretado y ejecutado por el hardware del equipo (parte física).

5. ALCANCE DE LA TECNOLOGÍA TIC

Con la tecnología de la información y comunicaciones (TIC), se ha conseguido facilitar las tareas de los usuarios, compartir información y mejorar la comunicación; cuyo alcance permite:

a) Automatizar procesos
b) Centralizar la gestión de información
c) Aumentar productividad del personal
d) Expandir las capacidades de organización
e) Reducir los márgenes de error humano

6. VENTAJAS DE LAS TIC

Las TIC son recursos que ayudan a las empresas, a adaptarse al entorno dinámico y cambiante del mercado, proveer ventajas competitivas y comparativas, las cuales señalamos a continuación:

6.1. Simplifica los procesos de gestión

Esta es una de las principales ventajas, que aportan la tecnología de la información, al lograr simplificar los procesos empresariales, con el consecuente ahorro de tiempo, en planificación, control empresarial, gestión contable y seguimiento.

6.2. Captura de información de la clientela:

- Conocer hábitos de compra;
- Sus inclinaciones, necesidades o deseos;
- Descubrir sus gustos;
- Diseñar estrategias claves;
- Conocer sus opiniones referentes a la marca;
- Mejorar la comunicación con los clientes;
- Mejorar la imagen de la empresa;
- Aumentar el *engagement*; entre otros.

6.3. Diseñar Estrategias de Marketing:

Con las ventajas de la tecnología de la información y comunicación del marketing digital, se cuenta con mayores recursos para alcanzar logros en la promoción de productos y servicios:

- Aumentar el número de ventas;
- Captar a los clientes potenciales;
- Fidelizar los clientes
- Mejorar el reconocimiento de la marca;
- Mejorar la reputación de la empresa;
- Posicionar la marca;
- Segmentar correctamente el público objetivo;
- Minimizar costos en comparación con el marketing tradicional; entre otros

6.4. Cobertura de Mercado:

Ampliar mercado, es parte de los recursos de las TIC, como tienda online, página web corporativa, son herramientas clave para ampliar el negocio, sin necesidad de contar con tiendas físicas en otros lugares

6.5. Globalización:

Está permite a las compañías que usen tic, hacer negocios desde y hacia cualquier parte de mundo, y en tiempo real.

6.6. Mayor Eficiencia:

La tecnología de la información y comunicación permite la generación de procesos y operaciones más eficientes:

- Entregan información relevante para los procesos;
- Disminuyen los errores y retrasos en el flujo de trabajo por falta de datos o mala comunicación;
- Pueden ayudar a reducir y eliminar información duplicada;
- Permiten la automatización de diversas tareas.

6.7. Seguridad mejorada:

La tecnología permite implementar medidas de seguridad para que la comunicación e información, no esté vulnerable y permite prevenir pérdida de datos.

7. EVOLUCIÓN DE LA TECNOLOGÍA:

Las tecnologías inteligentes, que más usan las empresas que ofrecen servicios tecnológicos, son: Internet de las Cosas (IoT); Inteligencia Artificial (IA); Machine Learning; Realidad Aumentada/Virtual y Blockchain, entre otros.

La transformación digital es parte de los cambios tecnológicos, que experimentan aquellas empresas que deseen ser competitivas, en un escenario globalizado e interconectado. El sistema financiero, ha venido adaptándose a esos cambios tecnológicos, hoy tiene mejores y más oportunas herramientas para anticipar eventos y trazar estrategias, donde Internet tiene y juega un papel importante en su modelo de negocio, especialmente mejorar su. estructura de costes y la rentabilidad

Las instituciones financieras, se han visto impactadas por una crisis financiera y económica; que ha afectado su estructura de capital, particularmente su riesgo reputacional; sobre esta particular señala Vardy[27] (2015), que este riesgo está abriendo un hueco en los últimos años. Aquellas instituciones financieras que se hayan visto afectadas por estas crisis y no se hayan podido recuperar, deben buscar rescatar la confianza perdida (riesgo reputacional), apoyándose en la tecnología, estableciendo nuevos canales para relacionar la clientela, creando nuevos productos y servicios, usando la digitalización, con estrategias innovadoras, apoyándose en las empresas cooperadoras de las instituciones financieras, como: fintech, techfin, insurtech, startup y corporaciones tecnológicas, y sobre todo contar con fondos, especialmente de capitalización. Las TIC, se apoyan en Big Data, la inteligencia artificial, la robótica y la computación cuántica, que son parte del avance de la tecnología

---

[27] Louise Underdahl, Nader Daou, Gerald Dapaah Gyamfi, Lalita Ramlal-Chirkoot, Yvette Stott, & Glenda Vardy Dell, (2013). Milenial University: Today's Learners – Tomorrow's Leaders University of Phoenix * The Milenial Generation

CAPÍTULO VI

LAS STARTUPS

> En banca o finanzas, la confianza es lo
> único que tienes para vender.
> Patricio Dixon

1. LAS STARTUPS

1.1. CONCEPTO DE STARTUP:

Las startups, su origen se remonta a principios de 1950, término que tiene diferentes acepciones, desde asociarlas a nuevas empresas, a negocios escalables, a innovaciones tecnológicas, a empresas que trabajan en ambiente de incertidumbre y a grandes corporaciones. Son tantas las definiciones, que muchos autores las señalan, como: Un icono, en los negocios digitales; como una empresa emergente, que se enfoca en la innovación y la tecnología para crear un modelo de negocio escalable y disruptivo y otros autores, las relacionan con las nuevas tecnologías, con pequeñas empresas en búsqueda de un modelo de negocio escalable y rentable.

Entre tan diversas acepciones de lo que son las empresas startup, veamos estas definiciones que nos dan, autores como:

- Wil Schroter: (2005) «un startup, es la entidad a través de la cual un equipo liderado por un fundador puede hacer realidad un sueño, no sólo para él sino para el mundo»
- Steve Blacnk y Bob Dorf[28] (2013), «son empresas que constantemente están en busca de un modelo de negocio que pueda escalar y repetirse sin la necesidad de incrementar los recursos con los que cuenta, tanto económicos como humanos. Su capacidad de crear productos incrementa de forma exponencial pero los gastos que conlleva lo hacen de forma lineal».

1.2. ALCANCE DE LAS STARTUPS

El término de startup, puede referirse a compañías de cualquier ámbito, normalmente suele utilizarse para aquellas que tienen un fuerte componente tecnológico y que están relacionadas con el mundo de internet y las TIC. Son empresas emergentes, que buscan un crecimiento exponencial. En el avance de estas empresas, influye mucho la tecnología, donde sus ejecutores, buscan más construir cada vez mejores productos y prestar mejores servicios, por contar con las herramientas para hacerlo.

---

[28] Steve Blank y Bob Dorf, (2013). El Manual del Emprendedor

1.3. CARACTERÍSTICA DE LAS STARTUPS:

- Empresas Nuevas: Son empresas nuevas o que se encuentra en las primeras etapas de gestión de marca, ventas y contratación de empleados. La edad no importa para esta consideración, siempre que esté dentro de su propósito de arranque.
- Creadoras de Innovación: Una empresa con innovación en sus productos o en su modelo de negocio, necesita tener competencia diferenciadora para poder obtener una ventaja competitiva en el mercado. Son negocios de riesgo con una alta tasa de probabilidad de fracaso.
- Empresas en expansión: Son empresas en crecimiento, cuyo objetivo es crecer y expandirse rápidamente, alcanzando proporciones a veces drásticas. Este es uno de los puntos que distingue a una startup de una pequeña empresa.
- Adaptabilidad: Son empresas con dinámicas y con gran flexibilidad para adaptarse a las adversidades que puedan surgir. Debido a la necesidad de validar su idea de negocio, estas empresas deben estar preparadas para adaptar su producto a los requisitos del cliente.
- Empresas escalables: Son empresas en constante búsqueda de un modelo de negocio escalable y repetible, es decir, que pueda crecer sin necesidad de incrementar los recursos humanos o económicos.

1.4. RETOS DE LAS STARTUPS:

Los retos que deben afrontar las startups, en sus expectativas de modelos de negocios, son bastantes exigentes y retadores, como podrán observar:

- Alta Competencia: La competencia, plantea uno de los mayores desafíos para la supervivencia de las empresas emergentes y si tiene un arranque de negocio online, la competencia se vuelve más dura.
- Expectativas poco Realistas: Las empresas emergentes, tienden a enfrentar desafíos cuando establecen expectativas poco realistas. El éxito dura poco y las expectativas nunca terminan.
- Selección de Personal: Un equipo se compone de personas con capacidades similares y un enfoque idéntico. Para desarrollar una cultura de equipo de éxito, las organizaciones en general y las empresas emergentes en particular, deben contratar a candidatos adecuados.
- Gestión financiera: El dinero crea dinero, cuando aumentan los ingresos, también lo hacen los gastos. Uno de los mayores desafíos que enfrentan las startups hoy, es la gestión financiera.
- Ciberseguridad: Los desafíos en era digital. requiere que las pequeñas empresas emergentes, especialmente las que operan online, sean súper ágiles para contrarrestar las amenazas en materia de ciberseguridad. Los piratas informáticos están en todas partes y se aprovecharán de cualquier laguna, dentro de los sistemas instalados dentro de una empresa.

- Ganarse la confianza de los clientes: Ganarse la confianza del cliente, es uno de los desafíos que afrontan las empresas. Con una base de clientes muy satisfechos y leales, las empresas emergentes pueden escalar y progresar hacia alcanzar sus objetivos.
- El Financiamiento: Las startups son conocidas, por las noticias de que recolectan fondos en el mercado, para seguir llevando a cabo su actividad. Al inicio con capital de los promotores y equity –funding, participaciones de business angels y capital de riesgo.

2. LA METODOLOGÍAS LEAN STARTUP:

2.1. CONCEPTO DE LEAN STARTUP

Es una metodología de *management* empresarial, cuyo objetivo es crear un modelo de negocio escalable, que busca lograr los mejores resultados de un negocio. Este método, debe su nombre a las palabras: Lean que significa, algo incipiente, que no produce valor, y startup, que es la puesta en marcha de un negocio.

Esta metodología, se basa en tres pasos iterativos, que son:

1) Construir el producto,
2) Medir la respuesta de los consumidores, y
3) Aprender y decidir, si mantenerse en el desarrollo del producto o rechazarlo.

Esta metodología, se apoya en las experiencias del cliente y en lo que pueda aportar para atenderlo, siendo Ludwig Mies Van der Rohe[29] (sf), el creador del famoso dicho «menos es más».

2.2. VENTAJAS DE APLICAR LA METODOLOGÍA

- Rapidez: Lanzamiento rápido de cualquier nuevo producto o funcionalidad adicional. Lanzar prototipos (no productos finales) e implementar metodologías ágiles.
- Valor del Producto: El producto se elabora, a partir de los insights del usuario (data) y no solo de las decisiones del top management.
- Riesgo: Evaluar constantemente el mercado, para ajustar el producto a las exigencias del mercado (Product Market fit), reduciendo el riesgo de la inversión.

---

[29] Arquitecto y diseñador industrial, alemán

- Información del cliente: Esta información directa del cliente, permitirá formular hipótesis relevantes y lanzar el producto. La hipótesis es el resultado de la investigación y es fundamental, para crear un Producto Mínimo Viable (MVP).

2.3. PASOS DE LA LEAN STARTUP:

Las empresa o proyectos que se inicien, deben contar, por lo menos con lo siguiente:

- Un lugar donde se conservar, información que se vaya generando con los experimentos: Confluence, Google Drive
- Medir adecuadamente: Mixpanel, Google Analytics, Tableau
- Compartir Información: Una forma de como compartir, el aprendizaje generado (Confluence, reuniones)
- Explicar Metodología: La metodología que se va a utilizar, debe ser explicada al recurso humano, con sus objetivos y forma de lograrlos.
- Data y su comportamiento: Google Analytics, cohorts, modelos, data de servidor.
- Fuentes cualitativas: Opiniones, entrevistas en profundidad, testing de prototipos.
- Opinión de «expertos»: Alguien con mucha experiencia y conocimiento, que pudiera tener alguna hipótesis, o que haya observado patrones.
- Las tres M de la metodología Lean: La variabilidad (Mura), como la inestabilidad (Muri), dan lugar a mayor nivel de desperdicio (Muda). Deben ser identificadas, para generar un diagnóstico y contribuir a su disminución o incluso a su eliminación total. Porque bajar el nivel de Muda es aumentar ahorros de recursos. Estamos hablando de las tres m de lean: Muda de tiempo; Mura o irregularidad y Muri o trabajo tensionante.

3. METODOLOGÍAS DE TRABAJO.

Entre estas metodologías, conocidas como: Agile, Lean Startup, Design Thinking y Scrum, usadas para desarrollar proyectos o acometer empresas, existen muchas aproximaciones y solapamiento de actividades y funciones, que es posible combinarlas, porque tiene actuaciones diferentes en los momentos de ejecutar algunos procesos y objetivos diferentes en la creación de empresas, productos o servicios. Dicho romano: «Nada nuevo, bajo el sol».

Veamos que son estas metodologías de trabajo:

3.1. Agile:

Esta metodología de trabajo se basa en procesos iterativos, empírico y que van permitiendo avances o entregas periódicas, con avances tangibles, cada iteración agrega mayor valor al negocio.

3.2. Lean Startup:

Es una metodología focalizada en el desarrollo de empresas y productos, determinando su viabilidad. En su ejecución, trata acortar los ciclos de desarrollo y determinar temprano si el modelo de negocio es viable. Usando MVP (Minimun Viable Product). Las diferencias entre Lean Manufacturing y su discípulo Lean Startup, es que el primero se centra en construir y el segundo, trata de confirmar de manera temprana la hipótesis, de que lo que se quiere construir.

3.3. Design Thinking:

Esta metodología, en oposición al *Brainstorming*, promueve la llamada «Lluvia de dolor», con el fin de comprender plenamente dónde se encuentran esos puntos de dolor del usuario. La metodología se basa en un proceso iterativo, donde hay que avanzar, para entender los llamados puntos de dolor, desafiar las suposiciones, redefinir problemas, para crear nuevas estrategias y soluciones.

Las fases para desarrollar el diseño son las siguientes:

- Empatizar con los usuarios
- Definir las necesidades, sus problemas y sus percepciones
- Idear, desafiando supuestos y crear con soluciones innovadoras
- Fijar Prototipo, para empezar a crear soluciones
- Probar esas soluciones e iterar

3.4. METODOLOGÍA SCRUM:

Podemos decir que Scrum es una metodología soportada sobre cinco pilares, para tener el control empírico de los procesos con lo mínimo para que funcione. Las metodologías o ceremonias claves para la gestión de procesos del scrum, son:

- Sprint Planning,
- Daily Scrum,
- Sprint Review,
- Sprint Retrospective y
- Sprint Grooming o Refinement.

Analicemos que es un Sprint y las metodologías que van asociadas al mismo:

- Sprint, es un contenedor para el resto de los eventos de Scrum.
- El Sprint es continuo, su duración no debe cambiar mientras está en marcha el desarrollo del producto, para comparar resultados de diferentes Sprints.
- El Sprint permite la transparencia, inspeccionar y adaptar otros eventos de Scrum.

La duración real de los Sprints, periodo mínimo planeado en scrum (time boxed), para generar valor a través de un incremento determinado:

- El Sprint Planning al comienzo del Sprint Daily Scrums, a diario.
- Un Sprint Review al final del Sprint, para inspeccionar el incremento realizado.
- Y, finalmente, una Retrospectiva para inspeccionar el equipo y levantar mejoras que se apliquen en el siguiente Sprint.
- Reunión de Grooming o Refinement, que sirve para, dentro del Sprint, afinar y aclarar ciertas historias de usuario que pudieron quedar pendientes durante el Sprint Planning.
- Todo ocurre en un sólo Sprint y en cada Sprint. La mentalidad de un proyecto por Sprint, es uno de los cambios más difíciles de asumir para las organizaciones que están haciendo una transición a esta metodología Agile-Scrum.

Las etapas de los sprint en los scrum, son los siguientes:

- El Sprint Planning (reunión inicial para inspeccionar el backlog del producto)
- El Daily Scrum (reunión cada 15 minutos para retroalimentarse)
- Sprint Review (reunión al final del sprint, donde producto owner y el develpment team presentan a los stakeholders la evolución)
- Sprint Retrospective (Al final del sprint, al concluir el sprint review.
- Sprint final. (Conclusiones del equipo)

4. GESTIÓN DE PROYECTOS

La gestión de proyectos presenta varias metodologías; las cuales se señalamos de seguido:

4.1. Metodología Ágil:

Es uno de los procesos de gestión de proyectos más comunes. Técnicamente, no es una metodología sino un principio de gestión de proyectos.

- Colaborativa
- Rápida y efectiva
- Iterativa y está respaldada por datos
- Valora a las personas por encima de los procesos

4.2. Modelo de cascada:

En esta metodología, todas las tareas están vinculadas por una dependencia. Esto significa que debemos finalizar cada tarea antes de poder comenzar con la siguiente.

4.3. Metodología Scrum:

Intervención de un Scrum Master —un gerente de proyectos que dirige las reuniones diarias de Scrum, las demostraciones, los sprints y los análisis retrospectivos de sprints. Estas reuniones tienen como objetivo conectar a todos los participantes del proyecto y garantizar que las tareas se finalicen a tiempo.

4.4. Metodología Kanban:

¿¿Representa las tareas pendientes ??del proyecto usando elementos visuales como tableros, para visualizar los flujos de trabajo y el progreso de los proyectos y reducir los cuellos de botella.

4.5. Metodología Scrumban:

Usa un ciclo de sprint similar al de la metodología Scrum, pero también permite que se agreguen tareas individuales al plan, como el método Kanban.

4.6. Metodología PRINCE:

Proviene del acrónimo en inglés Project IN Controlled Environments (proyectos en ambientes controlados), usa el método de cascada general para definir las etapas dentro de un proyecto.

En la metodología PRINCE2, los proyectos se dividen en siete procesos:

- Puesta en marcha del proyecto
- Dirección del proyecto
- Inicio del proyecto
- Control del proyecto
- Gestión de la entrega de productos
- Gestión de los límites de cada fase
- Cierre del proyecto.

4.7. Metodología Six Sigma:

Se describe como una filosofía, más que como una metodología tradicional de control de calidad. A menudo se la combina con una metodología Lean o un marco ágil, también conocido como Six Sigma Lean y Six Sigma ágil. Para llevar este método un paso más allá, se puede usar un proceso Six Sigma DMAIC, que crea un enfoque por fases, definición, evaluación, análisis, mejora y control

4.8. Método de la ruta crítica (CPM):

Permite identificar y planificar las tareas críticas dentro de un proyecto. Esto incluye la creación de dependencias de tareas, el seguimiento de los objetivos y el progreso del proyecto, la priorización de los entregables y la gestión de los plazos, que se asemejan a una estructura de desglose del trabajo.

4.9. Gestión de proyectos por cadena crítica (CCPM):

Está metodología está estrechamente relacionado con el método de la ruta crítica, pero brinda un mayor nivel de detalle, lo que lo convierte en uno de los métodos más completos. Además de implementar una estructura de desglose del trabajo como en el método de la ruta crítica, la gestión de proyectos por cadena crítica también establece tiempos específicos para cada tarea.

4.10. Metodología Lean:

Esta metodología tiene como objetivo optimizar los procesos y crear un marco simple, para cumplir con las necesidades del proyecto. Lograr más con menos esfuerzo, maximizando la eficiencia del trabajo en equipo.

4.11. Guía PMBOK® del Project Management Institute (PMI):

Se considera una metodología de gestión de proyectos, está más estrechamente relacionada con un conjunto de mejores prácticas que tienen en cuenta varios procesos de desarrollo.

4.12. Programación extrema (XP):

Esta metodología, se usa para gestionar proyectos dinámicos con plazos ajustados. Este enfoque se basa en la creación de ciclos de desarrollo cortos con muchas versiones. Esto genera procesos más rápidos y una mayor productividad.

CAPÍTULO VII

LA TECNOLOGÍA BLOCKCHAIN

1. CONCEPTO DE BLOCKCHAIN

En la doctrina encontramos diversas definiciones de Blockchain, entre las cuales citaremos:

- Las que señalan, que es una estructura matemática, en la cual se almacenan datos, de una manera que es casi imposible de falsificarlos.;
- Blockchain, es una «Cadena de bloques».
- Es una base de datos compartida o distribuida donde la información registrada está almacenada en bloques, ligados entre sí criptográficamente, y validada de una forma descentralizada a través de un protocolo común;
- Es un libro electrónico público, que se puede compartir abiertamente entre usuarios dispares y que crea un registro digital inmutable de sus transacciones, llamados bloques vinculados a un participante especifico; lo cual permite que grupos abiertos o controlados participen en el libro electrónico.

Blockchain, es el nombre genérico de una tecnología de base de datos distribuida, propuesta por Satoshi Nakamoto[30] (2008). Se basa en teoría de los juegos, criptografía e ingeniería de software para que una red de computadoras anónimas pueda llegar a un consenso sobre un registro compartido. Así como internet vino a cambiar la forma de hacer negocios; la blockchain o cadena de bloques, desde sus inicios blockchain, introduce un nuevo patrón, basado en la descentralización, sin que participen intermediarios.

2. CARACTERÍSTICAS DE LA BLOCKCHAIN:

- Estructura de Sistema; la cual se modifica por consenso entre participantes, se puede ingresar datos nuevos no borrar, sus registros son verificables y son una base de datos compartida.
- La base de datos de Blockchain, se almacena en varias ubicaciones, lo que significa que los registros públicos y fácilmente verificables. Alojado por millones de ordenadores simultáneamente, sus datos son accesibles para cualquier persona en Internet.

---

[30] Satoshi Nakamoto (2008). Tecnología propuesta (Bitcoin)

- El Blockchain, es un registro digital descentralizado de transacciones compartidas, entre una red que es inmutable o inmodificable, llamada «tecnología de ledger distribuido»[31].

3. LA TECNOLOGÍA BLOCKCHAIN:

COMO OPERA LA TECNOLOGÍA: La tecnología Blockchain funciona como un gran registro contable («libro mayor») en donde se anotan todas las transacciones realizadas. Aproximadamente cada diez minutos, se hace una copia y se agrega un bloque. De ahí surge el nombre de Blockchain o cadena de bloques. Se compone de una base de datos donde se registran las transacciones, con los datos de entrada y salida de las personas involucradas y el valor de la transacción de manera encriptada. Los datos son almacenados en Cadenas de bloques, codificados a través de un hash y distribuidos en una red de nodos, donde cada uno tiene una copia idéntica de ese «libro mayor» que representa la cadena de bloques, dificultando el acceso o manipulación indebida de la información y permitiendo generar mayor nivel de confianza, ya que, al momento de realizar la transacción, cada nodo participante de la red es el encargado de la verificación y autenticación de las transacciones.

Stuart Haber y W. Scott Stornetta[32] (1991), crearon la tecnología digital Blockchain, que efectúa operaciones, a partir de redes que se retroalimentan entre sí y que funcionan sin intermediarios. El Blockchain puede utilizarse para establecer comunicación entre empresas de manera directa, autónoma y sin la intervención de terceros, lo que permite realizar todo tipo de negocios, intercambio de datos y transacciones.

Comenta Jorge García Herrero[33] que Blockchain, o cadena de bloques, es un libro de contabilidad digital, distribuido que almacena datos de cualquier tipo. Blockchain es la única base de datos, que está totalmente descentralizada y no depende de ningún ente. Como su nombre lo indica, 'Blockchain' es una cadena de bloques, los cuales contienen información codificada de una transacción en la red, al estar entrelazados, de ahí la palabra cadena, permiten la transferencia de datos o valor con una codificación bastante segura, a través del uso de la criptografía.

---

[31] La Tecnología de Libro Mayor Distribuido, también conocida como DLT (por sus siglas en inglés, Distributed Ledger Technology), compone un conjunto de tecnologías que permiten la creación de una estructura de sistemas que opera como una base de datos no centralizada

[32] La blockchain fue creada en 1991 por los científicos Stuart Haber y W. Scott Stornetta la tecnología, conocida como «cadena de bloques», al introducir una solución computacionalmente, práctica para los documentos digitales, con sello de tiempo para que no pudieran ser modificados o manipulados

[33] Co-Autor de "Análisis de sanciones en Protección de Datos divididas por conceptos y sectores" (VVAA (2021), Wolters Kluwer) Co-Autor de "El nuevo marco regulatorio derivado del Reglamento Europeo de Protección de Datos" (VVAA (2019), Wolters Kluwer) y Consulor

Blockchain con su partida triple, al igual que el principio de partida doble de contabilidad, de donde tiene su origen, se puede decir, que son estructuras matemáticas, con la diferencia que la Blockchain integra datos encriptados y en cadena de bloque. Es un libro electrónico público, que se puede compartir abiertamente entre usuarios y que crea un registro inmutable de sus transacciones; donde cada bloque está vinculado a un participante específico, solo se puede actualizar, por consenso entre los participantes en el sistema, y cuando se ingresan datos nuevos, que no se pueden borrar; lo cual deja un registro verificable de cada una de las entradas realizadas en el sistema. Al ser un registro único, consensuado y distribuido en varios nodos de una red, sus registros de transacciones, entre partes es seguro y no requieren de intermediarios.

Cuando terminaba esta obra, se comentaba en los medios, la gran estafa a las criptomonedas (más de 3.000 millones de dólares), por parte de hackers de Corea del Norte. Siempre, se debe estar atento a la vulnerabilidad de cualquier dispositivo u operación.

Sobre la tecnología de cadena de bloque, resalta EquiSoft[34] (2017), que «Debido a su enorme potencial, más de 70 de las mayores instituciones financieras del mundo (como Barclays, J.P. Morgan, Royal Bank of Scotland, State Street y UBS) forman parte de un consorcio que investiga y desarrolla la tecnología de cadena de bloques. Por su parte, el equipo Global Blockchain de PwC identificó más de 700 empresas emergentes en el sector1, mientras que la tecnología de cadena de bloques es considerada por algunos como el quinto paradigma de la computación, después de la computadora central, la computadora personal, el Internet y la revolución impulsada por la tecnología móvil y las redes sociales».

Comentan, Bartolomeo, Alejandro y Machin Urbay, Gustavo[35] (2023), algunos conceptos relacionados con la blockchain:
- Cadena de Bloque: se crea en cada uno de los nodos, y poseen la copia exacta de la información. Cuando se logra la verificación y confirmación de todos los nodos participantes de la red blockchain, se crea el nuevo bloque, con el hash correspondiente, y se añade automáticamente a la cadena sin que medie autorización de un tercero. «Los bloques de transacciones son usualmente publicados en el libro contable compartido a intervalos de diez minutos» (EquiSoft, 2017)
- Nodo, un ordenador o computadora: Para poder comunicarse entre sí a través de una Blockchain, todos los ordenadores involucrados deben funcionar bajo el mismo software o protocolo. Las computadoras se encuentran conectadas en la red.

---

[34] EquiSoft (2017). La cadena de bloques (blockchain) Una tecnología disruptiva con el poder de revolucionar el sector financiero

[35] Bartolomeo, Alejandro y Machin Urbay, Gustavo (2023). INTRODUCCIÓN A LA TECNOLOGÍA BLOCKCHAIN: SU IMPACTO EN LAS CIENCIAS ECONÓMICAS

- Nodos Regulares (Mineros): Son los encargados de replicar la Blockchain, aceptando los bloques generados por los validadores y ejecutando las transacciones incluidas en los mismos.
- Hash: «Algoritmo matemático, que transforma cualquier bloque de datos en una nueva serie de caracteres con una longitud fija. Independientemente de la longitud de los datos de entrada, el valor hash de salida tendrá siempre la misma longitud» (Vidal, 2014),
- Nonce (criptografía): Número aleatorio, añadido al hash de cada bloque usado una sola vez, destinado a la autenticación de transferencia de datos entre dos o más partes.
- Fuerza de trabajo (proof-of-work): Proceso de producción del bloque. Se trata de resolver un problema matemático, y una vez resuelto, se añade el bloque en cuestión. Entre todos los nodos, el primero en resolver el problema es quien puede añadir el siguiente bloque a la cadena[36] (Legarda,2018).
- Billetera (cartera o wallet): conjunto de claves, una pública y otra privada, que resguardan la seguridad de las transacciones. Cualquiera puede lanzar una transacción utilizando la clave pública de la dirección de un receptor, pero solo el propietario de esa dirección que es quien tiene la clave privada, puede acceder al valor de la transacción. De esa manera, sólo el receptor puede descifrar la transacción con la clave privada, emparejada a la clave pública.
- Protocolo: «Es en forma de software informático y permite que la red de nodos pueda comunicarse entre sí[37]» (Preukschat, 2017). A través del protocolo se establecen las reglas que definen el comportamiento de los nodos que actuarán en la blockchain. Al utilizar claves criptográficas y estar distribuido en muchos ordenadores (nodos) se pueden apreciar ventajas en la seguridad frente a manipulaciones y fraudes. El potencial de la cadena de bloques se sustenta en sus tres grandes cualidades: irrefutable, irrevocable y distribuida.

- La tecnología Blockchain, propone un nuevo modelo en el que la autenticidad no la verifica un tercero, sino la red de nodos que participan en cadena de bloques. De ahí que ninguna transferencia de valor, se efectúe por medio de un intermediario, sino a través de un consenso, permitiendo almacenar la información en todo momento de manera transparente. Algunos de los roles principales, que desempeñan los nodos en blockchain:
- Validar transacciones: Los nodos verifican las transacciones para asegurarse de que cumplan con las reglas del protocolo blockchain.
- Mantener el libro mayor distribuido: Almacenan una copia del libro mayor distribuido, accesible para los participantes.
- Garantizar la seguridad de la red: Mecanismos de consenso para operar.

---

[36] Alejandro MACHIN URBAY, Gustavo Bartolomeo (2018). Introducción a la Tecnología Blockchain

[37] Alexander Preukschat (Coordinador). 2017. La Revolución Industrial de Internet (Gestión 2000)

- Las empresas o negocios que busquen transparencia y seguridad, podrían apoyarse en esta tecnología emergente de «ledger distribuido», llamada blockchain. Bitcoin y ethereum son los iniciadores de esta tecnología blockchain. Sin embargo, la tecnología se ha extendido a una amplia gama de aplicaciones más allá de las criptomonedas. Para manejar y controlar la emisión y negociación de títulos valores, la trazabilidad de la cadena logística, los contratos, operaciones de banca, seguros y bolsa, su contabilidad en tiempo real, de sus auxiliares inter partes, o inclusive para procesos electorales, que quieran ser transparentes, esta tecnología puede ser útil. Porque se puede prescindir de intermediarios, de manera descentralizada y sin necesidad de una autoridad central en el proceso.

4. INNOVACIONES VINCULADAS A LA BLOCKCHAIN:

- Propiedad industrial o intelectual: Certificar propiedad de creaciones
- Registro de personas: El registro es seguro, difícil de violentar
- Trazabilidad: Podría dar seguimiento a cosa a lo largo de su cadena logística.
- Contratos inteligentes (Smart contracts): Es un contrato autoejecutable, condicionado a un conjunto de especificaciones, que disparan un evento o compensación en caso de que se produzcan las condiciones, sin la intervención de las partes contratantes o las instituciones relacionadas al contrato.
- Procesos electorales: Con la blockchain queda todo el proceso registrado, desde la identidad digital del votante hasta el conteo de votos al instante y la huella de los votantes tramposos y los manipuladores de la data, incluidos los de sistema, que se prestan a estas alteraciones. La seguridad, debe siempre protegerse.

5. LA CONTABILIDAD Y LA BLOCKCHAIN

Antes de entrar a evaluar los procesos contables en la blockchain, veamos que es la contabilidad, para despejar dudas. Diremos que la contabilidad, es la ciencia o disciplina que se encarga de registrar y controlar los movimientos contables de un patrimonio, tanto en sus cuentas activas como pasivas, patrimonial y de resultados (ingresos y gastos). En contabilidad, las cuentas de activo, pasivo y capital, se inician con el registro de la empresa o patrimonio y permanecen o duran toda la vida de ese ente, sea persona natural o jurídica. En el caso de las cuentas de resultados (Ingresos y Gastos) marcan un ciclo económico y se inician al empezar el ciclo y se cierran al concluir este, y su resultado (diferencia entre Ingresos y gastos) se integra a las cuentas de patrimonio, sea pérdida o ganancia. Su fundamento, es el principio de partida doble (Debe y haber).

La tecnología Blockchain, puede mejorar los procesos contables de los auxiliares de la contabilidad, en términos de rapidez, transparencia y confiabilidad de la calidad de la información contable de la empresa o ente y de los terceros, como accionistas, el estado y particulares, que tienen interrelación con la empresa. En cuanto a la contabilidad en sí, de la empresa, esa data contable es propia, exclusiva, independiente, autónoma y confidencial y está fundamentada en el principio de partida doble, lo que garantiza el cuadre de sus operaciones. En la contabilidad, no participan terceros, ni procede nada por concurso. Otra cosa es la información interrelacionada, que se maneja y corresponde a sus clientes, proveedores y relacionados, que se puede articular para tenga conexión entre partes. Estos son servicios a clientes o particulares, que pueden girar o estar disponible entre partes, pero no en la contabilidad propia de las instituciones, que son exclusivas y privativas de ellas, no de sus clientes o particulares.

En cuanto a velocidad de proceso y almacenamiento de información, muchos softwares con la tecnología tradicional lo logran, pero depende mucho de la capacidad de sus equipos. Este aspecto de velocidad y almacenamiento, con la nueva tecnología el alcance es muy superior, pero no solo eso, la forma de registro de bloques, da una perspectiva de control y seguridad de la información contable de la empresa con terceros, disponibles instantáneamente para las partes.

La aplicación principal de la tecnología Blockchain, en la contabilidad de los auxiliares de una empresa, es el sistema de triple entrada o libro mayor distribuido (Distributed Ledger Technology). Es conveniente aclarar que la contabilidad, se basa en el principio de partida doble, debe y haber. Esta tecnología para estos efectos, tomó el fundamento de la contabilidad y agregó una entrada adicional al sistema, encriptando la información. Con esta triple entrada, además del debe y haber, registra las transacciones en una cadena de bloques, poniendo el libro mayor distribuido, custodiado en miles de ordenadores (nodos) a lo largo y ancho de Internet. Es decir, existen múltiples copias del mismo libro, cuyas páginas son firmadas digitalmente, utilizando mecanismos criptográficos muy complejos, que impiden cualquier tipo de alteración o manipulación de la información contenida en las páginas de la blockchain. Este libro es público, de libre acceso a la totalidad de los registros y anónimo, es decir, que por un tercero no es factible conocer quién está detrás de cada transacción sino se dispone de los códigos o información que singulariza e identifica a los intervinientes de cada transacción. Esto es excelente, para operaciones inter partes, y para control de activos, pasivos o emisiones de acciones, criptomonedas u otros tokens, donde las empresas se relacionan con esos terceros, que detenten esos productos o bienes o tengan esos compromisos con las empresas, incluido los inventarios de materiales y de cuentas auxiliares, que se usan para consolidar los registros contables para elaborar los estados financieros.

La contabilidad de una empresa es un registro particular y propio de esa institución, con accesos a la información de sus estados financieros, solo sus administradores, accionistas y personal de confianza, sus auditores externos y el estado en sus reportes. En cuanto a terceros, incluidos clientes, proveedores y personal de apoyo y servicios, estos solo tienen acceso a la información relacionada con ellos y en libros o reportes auxiliares que lleve la institución, que pueden estar protegidos en la Blockchain, para garantía y seguridad de los que participan. Esta información, es la que los programadores de la blockchain pueden poner a disposición de terceros. Al permitir que las partes verifiquen y confirmen una transacción, las cuentas pueden servir como un registro confiable y verificado, algo en lo que una entidad de financiera puede confiar. La noción de confianza puede basarse en evidencia tangible, clientes que tengan cuentas, préstamos, inversiones, cuentas por pagar o cobrar, servicios que atender, para que cada quien pueda llevar sus propios controles particulares. Debe manejarse la información, con extremo cuidado, es un problema de seguridad.

6. SEGURIDAD EN LA BLOCKCHAIN:

La funcionabilidad de la red de Blockchain, representa en parte seguridad, debido a que los datos transmitidos están encriptados, lo cual es más seguro que el sistema de contraseña. Sus datos son descentralizados y almacenados usando blockchain. Los documentos se guardan en miles de discos duros diferentes, es poco probable, que alguna vez se pierdan datos. Las funciones hash, permiten detectar cuándo un bloque ha sido manipulado, dado que los valores de un bloque, se agregan a los datos en el siguiente.

Las herramientas de código abierto, permite implementar rápidamente funciones de interfaz de usuarios; además de hacerlo a una velocidad aumentada, empoderar a los empleados y desarrollar aplicaciones generalizadas, con sus clientes y el mercado, pero siempre deben cuidar de la seguridad, porque estas plataformas de código abierto, permiten facilidades en las conexiones.
En cuanto a ciberseguridad, la plataforma blockchain, es conveniente por sus enlaces en cadenas de bloque, tanto para la banca, las empresas de seguros y las empresas del mercado de capitales, generando confianza mutua en los datos, a los cuales tienen acceso. Esta tecnología digital, permite crear contratos inteligentes que se ejecuten automáticamente, pudiendo actualizar condiciones e inclusive seguirles rastros a reclamos u otras condiciones que se acuerden.

La temática de la seguridad, da la ventaja a las instituciones y a sus clientes que pudieran disponer de mayor información en forma inmediata y con potenciales posibilidades que los costos, puedan reducirse al compartir procesos automatizados a través de internet of things (IoT). El volumen de datos y su facilidad para extraerlos está mejorando la evaluación de riesgos para las aseguradoras, bancos y empresas del mercado de valores, reforzando la detección de fraude y desfalcos. Con la digitalización, los móviles se han vuelto imprescindibles para los clientes y su modo de vida; lo cual facilita el acceso a la ubicación del cliente y los datos importantes para lanzar productos y servicios.

CAPÍTULO VIII

TECNOLOGÍA WEB

«La conectividad es un derecho humano»
Mark Zuckerberg

1. LA TECNOLOGÍA WEB

La web[38] (World Wide Web), es una enorme colección de páginas, que se asientan sobre esa red de computadoras, que es la internet. La tecnología Web, permite crear aplicaciones multiplataforma que se ejecutan en el navegador web; lo cual facilita al usuario, trabajar bajo diferentes sistemas operativos.

1.1. DESARROLLO WEB

El desarrollo web, es el proceso de creación y mantenimiento de sitios web. Donde el diseño web, es un área enfocada en el desarrollo de interfaces digitales y aplicaciones para web. Las tres tecnologías, base del desarrollo web en el mercado, que han revolucionado los sitios web, son: HTML, CSS y JavaScript[39].
Los diseñadores web, crean las páginas utilizando lenguajes como HTML o XML. Para estos diseños se requiere tener en cuenta la navegabilidad, interactividad, uso, arquitectura de la información y la interacción de medios, como: Audio, texto, imagen, enlaces y vídeo. Este proceso abarca muchas áreas, como por ejemplo el diseño de la interfaz, la optimización SEO[40], y el diseño del sitio web, entre otras cosas.

La parte visual de los sitios está a cargo del CSS[41], que es un lenguaje de diseño gráfico, término utilizado para estilizar los elementos escritos en HTML. El proceso de creación de sitios se puede realizar desde herramientas como Adobe Dreamweaver (que requerirá que el profesional sepa más sobre los códigos) y CMS que son plataformas de administración de contenido.

---

[38] En informática, la World Wide Web o red informática mundial es un sistema que funciona a través de internet, por el cual se pueden transmitir diversos tipos de datos a través del Protocolo de Transferencia de Hipertextos o HTTP, que son los enlaces de la página web. Cita Wikipedia

[39] Bambu Mobile. (2021). Las tecnologías más actuales para el Desarrollo Web

[40] SEO: Optimización En Buscadores. Se trata del proceso de mejorar un sitio para que los buscadores puedan comprenderlo mejor. También es el cargo que ejerce la persona que trabaja para mejorar el posicionamiento en buscadores

[41] CSS son las siglas en inglés de Cascading Style Sheets, que significa «hojas de estilo en cascada». Es un lenguaje que se usa para estilizar elementos escritos en un lenguaje de marcado como HTML. CSS fue desarrollado por W3C (World Wide Web Consortium) en 1996

En cuanto a la seguridad de la información o contenido, veamos lo que señala, MITNICK, y VAMOSI[42] (2018) que «actualmente, cada uno de nuestros movimientos está siendo observado y analizado. Se roban las identidades de consumidores, y cada paso de la gente es rastreado y almacenado. Lo que en algún momento se pudo clasificar como paranoia, ahora es una dura realidad y la privacidad es un lujo que sólo unos pocos pueden entender y permitirse».

1.2. VENTAJAS DE LA TECNOLOGÍA WEB:

La tecnología web, en su evolución se han creado herramientas mejoradas y más flexibles. Los lenguajes de programación vía Web, evolucionan constantemente, lo cual es una ventaja, porque da la oportunidad de estar a la vanguardia en las novedades a la hora de desarrollar aplicaciones. con un funcionamiento mucho más robusto.

En cuanto a la web, Jack Dorsey[43] (2022), visualiza la Web5, para lograr escapar de controles, donde la Web5 combina la facilidad de uso característica de la Web 2.0, con la visión de descentralización que inició el diseño de la Web3. Web5, representa una visión descentralizada de la web que opera en un sistema de igual a igual, construido exclusivamente en una segunda capa de la cadena de bloques de Bitcoin. En Web5, los usuarios tienen la capacidad de almacenar y gestionar su información personal.

Las ventajas que permite la tecnología web, son las siguiente:

- Crear aplicaciones multiplataforma, que se ejecutan en el navegador web, se puede usar dispositivos Windows, Mac y Linux.
- Las herramientas creadas con esta tecnología, tienen una baja carga en el sistema, debido a que la mayoría de trabajo computacional se realiza en el servidor.
- Las aplicaciones vía Web, permiten realizar exportaciones de ficheros de los principales formatos más usados, ya sea Excel, Word, CSV, XML, PDF entre otros
- La tecnología, ha introducido nuevas formas de transmisión de la información, que agilizan y facilitan el intercambio de información, lo que permite mejorar la comunicación interna y externa.
- Las tecnologías usadas para los desarrollos web avanzan rápidamente; las cuales permiten crear interfaces de usuario y establecer comunicaciones con el servidor, además de implementar comportamientos de la web en el servidor.

---

[42] Robert Mitnick, y Robert Vamosi.(2018). El Arte de la Invisibilidad

[43] Jack Dorsey, el ex CEO de Twitter, emergió como la figura central detrás de Web5 en el año 2022, al compartir su visión de la próxima generación de Internet durante la Conferencia Consensus sobre criptomonedas y blockchain. Dorsey cuenta con el respaldo de su equipo en TBD, la división enfocada en Bitcoin de su empresa de tecnología financiera, Block, que antes se conocía como Square

- Webinar viene de las palabras seminar o «seminario» en español, y «web» (que tiene lugar en la red de internet). Por lo tanto, significa «seminario web». Los seminarios web permiten que las empresas creen eventos interactivos para sus clientes y potenciales clientes, sin importar su ubicación física. Pueden ser utilizados para generar leads y conversiones, mejorar el brand awareness y aumentar ingresos.

1.3. TIPOS DE TECNOLOGÍA WEB:

En la web encontramos dos tipos de tecnología, la frontend y la backend; las cuales comentamos:

a) LA TECNOLOGÍA FRONTEND: Es aquella tecnología que trabaja del lado del cliente y que corre en el navegador del usuario; son básicamente tres: HTML, CSS y JavaScript. El frontend, se enfoca en el usuario, en todo con lo que puede interactuar y lo que ve mientras navega.

El uso de IoT[44] en las empresas es amplia y variada; puede aplicarse en el mantenimiento predictivo de maquinaria y equipamiento, mediante sensores que monitorean en tiempo real el funcionamiento general de las máquinas, lo que sirve para prever fallas y descomposturas.
Las tecnologías web frontend son las que se ocupan de la creación de interfaces de usuario y de establecer comunicaciones con el servidor. Entre ellas podemos encontrar las siguientes:
- JavaScript: Al usar este lenguaje de programación multiplataforma, es posible dar una mayor interactividad y dinamismo a los sitios web, esto permite crear tanto animaciones como objetos, localizar errores en formularios, cambiar elementos web de manera intuitiva y crear cookies.
- HTML: Este es un lenguaje de programación, usado para la creación de sitios web. Como las tecnologías evolucionan tan rápido, HTML está en constante renovación, la versión actual es HTML 5. Consiste en un conjunto de códigos cortos, que se clasifican como archivos de textos en las etiquetas. Cada una de las etiquetas generadas tiene diferentes funciones.
- CSS: Es una de las tecnologías web, a la que más recurren los programadores gráficos, a la hora de desarrollar sus proyectos. Es un lenguaje de diseño gráfico que sirve, entre otras, para indicar la representación visual de las estructuras HTML. De esta manera, el lenguaje CSS sirve para acotar y trazar el aspecto visual de las etiquetas generadas por el HTML.

---

[44] El término IoT, o Internet de las cosas, se refiere a la red colectiva de dispositivos conectados y a la tecnología que facilita la comunicación entre los dispositivos y la nube, así como entre los propios dispositivos

b) TECNOLOGÍAS BACKEND: La tecnología backend, es aquella tecnología web que trabajan del lado del servidor, en la parte del desarrollo que se encarga de que toda la parte lógica de una app o página web funcione, recogiendo todas aquellas acciones o tareas relacionadas, como la comunicación con el servidor o conexión con la base de datos. Entre las tecnologías que están del lado del servidor, podemos distinguir las siguientes:

- PHP: La característica principal de PHP, es que se usa para la comunicación de tu sitio web con un servidor de datos. A través de esta comunicación, es posible crear un contenido dinámico que permite trabajar con bases de datos como MySQL y con HTML; lo cual hace posible proceder a la recopilación de datos de formularios, la modificación de base de datos o la administración de archivos en el servidor, entre otros.
- Python: Es un lenguaje de programación, que tiene un número alto de librerías. A pesar de su sencillez, es bastante potente, ya que usa menos líneas de código que cualquier otro lenguaje de programación para cualquier aplicación que se ejecute; lo cual es una gran ventaja, respecto a otros tipos de lenguajes de programación.
- Java EE: El Java Enterprise Edition, también conocido como Jakarta EE, es un grupo de tecnologías que se dedica al desarrollo de Java del lado del servidor. Se orienta, en concreto, a objetos de alto nivel, es decir, al desarrollo de aplicaciones empresariales, pero a gran escala. Por tanto, el Java EE suele ser utilizado en tipos de proyectos que necesiten abarcar una mayor cantidad de recursos.
- MySQL: Es una base de datos relacional y es el sistema gestor de bases de datos que más utilizan los programadores en la actualidad. Y esto es por varias razones, entre ellas, que está basada en un código abierto GPL, que es multiplataforma y que está desarrollado en C.

Además, este sistema trabaja con tablas múltiples. Estas se interconectan entre sí, de manera que se asegura el correcto almacenaje y organización de toda la información extraída, se puede crear bases de datos con MySQL y hacer todo tipo de consultas.

2. DESARROLLOS E INSTRUMENTOS DE LA TECNOLOGÍA:

2.1. LA INTELIGENCIA ARTIFICIAL:

John McCarthy[45] (1956) acuña el término Inteligencia artificial; el cual se desarrolla a partir de algoritmos, este término, es parte del comentario diario de la gente, Algunos desarrolladores, dan pronósticos inconmensurables y otros lo toman como los procesos normales de evolución del ser humano.

---

[45] John McCarthy (1956). El término inteligencia artificial fue utilizado por primera vez en la conferencia «Dartmouth Summer Research Project on Artificial Intelligence»

Veamos lo que comenta Rodríguez Rodríguez[46] (2018) sobre la inteligencia artificial (IA): «se refiere a la capacidad de las máquinas y sistemas informáticos para imitar la inteligencia humana y realizar tareas que anteriormente requerían la intervención humana. Esta capacidad se logra mediante algoritmos y modelos de aprendizaje automáticos, que permiten a las máquinas procesar grandes cantidades de datos, identificar patrones y tomar decisiones».

La inteligencia artificial (IA), es la combinación de algoritmos planteados, con el propósito de crear tecnologías para emular características o capacidades exclusivas del intelecto humano. El término fue adoptado en 1956, pero se ha vuelto más popular, por el incremento en los volúmenes de datos, algoritmos avanzados, y mejoras en el poder de cómputo y el almacenaje. Un sistema de IA, es capaz de analizar datos en grandes cantidades (Big Data), identificar patrones y tendencias; así como formular predicciones de forma automática, con rapidez y precisión.

2.2. Machine Learning:

En esta evolución tecnológica, no deja de sorprender, aplicaciones como Machine Learning[47] que pueden permitir a una empresa, disponer mediante algoritmos, procesar datos, detectar tendencias, predecir contextos relacionados con el mercado y la economía, registrar patrones y modelos de venta en las preferencias de los clientes y crear mecanismos de seguridad, todo ello de manera automatizada, a través de una operatividad que aprende por sí sola, sin intervención humana, (salvo las de sus creadores), resolviendo problemas entrelazando su programación.

---

[46] Pablo Rodríguez Rodríguez. (2018). Inteligencia Artificial. Cómo cambiará el mundo (y tu vida)

[47] Arthur Samuel, fue pionero en el campo de los juegos de ordenador (Empleado de IBM)

2.3. REALIDAD AUMENTADA Y VIRTUAL:

El término realidad aumentada lo acuño, Tom Caudell[48] (1990) y el término realidad virtual lo acuña Jaron Lanier y Tom Zimmerman[49] (1987). Estos términos de Realidad Aumentada (RA) y Virtual (RV) fueron usados por las empresas para visualizar maquinarias y equipamiento en tiempo real (RA), para simular a través de gafas máquinas monitoreadas por un operario con el fin de vigilar su funcionamiento o aprender cómo operarlas (RV); para orientar e instruir, por medio de dispositivos con pantalla o Smart Glasses, a los empleados a realizar tareas específicas; así como para elaborar diseños de maquinaria, equipamiento y productos, a través del uso compartido de ambas realidades.

Las Diferencias[50] entre realidad aumentada y realidad virtual:

a) La realidad virtual oculta el entorno real, para que solo se vea el contenido digital. Con la realidad virtual, no se puede ver, lo que tienes delante ni a los lados, aunque puedas ver recreaciones virtuales, de una extremidad o avatares o imágenes virtuales que representen a una persona con la que hablas.

b) La realidad aumentada, superpone el contenido digital, a lo que tienes en el entorno real y no necesita ocultar nada

2.4. Los Smart Contracts:

Estos contratos son programas informáticos, desarrollados y ejecutados en la cadena de bloques; los cuales pueden ejecutarse automáticamente y rastrear sus transacciones; así como predecir cómo actúan el mercado y utilizar seudónimo con autonomía; lo cual deriva del hecho, de que las redes Blockchain, operan sin ninguna entidad central o confiable que defienda, los intereses de las partes

---

[48] Tom Caudell (1990) Investigador del fabricante aeronáutico Boeing, sacó a la luz el término "realidad aumentada"

[49] Jaron Lanier que, junto con Tom Zimmerman (1987). Acuñaron el término realidad virtual y fueron de los primeros que desarrollaron el «guante de datos», que supuso un gran paso en el campo de la realidad virtual hápticos (Ciencia que se encarga del sentido del tacto)

[50] Yubal Fernandez. Xataxa Basic. (2018) Diferencias entre realidad aumentada, realidad virtual y realidad mixta

2.5. LA DATA EN LA NUBE (SERVIDOR).

El almacenamiento de datos en la nube es un modelo de computación que permite almacenar datos y archivos en Internet, a través de un proveedor de computación en la nube, al cual se accede mediante la red pública de Internet o una conexión de red privada dedicada. A través de computación, se puede ingresar y acceder a la data que se tenga en la nube remotamente, a softwares, almacenamiento de archivos y procesamiento de datos mediante Internet, ofreciendo servicios a gran escala a través de la conectividad.

La llamada «nube», hace referencia a los servidores, a los que se accede a través de Internet, y al software y bases de datos que se ejecutan en esos servidores. La nube es el término que se usa para describir un espacio en internet, donde alojar información y acceder a esta mediante dispositivos desde cualquier lugar del mundo. Es como una memoria (flash drive) o disco duro, servidores ubicados en centros de datos por todo el mundo

En la nube, puedes guardar archivos, fotos, contactos, documentos, música, películas y documentos electrónicos y compartir lo que almacenas, con otras personas sin tener que enviar la información por correo electrónico.
* Seguridad
Para la seguridad de la información, se debe tener cuidado con las contraseñas que usan para ingresar a estos servicios, deben cambiarse con frecuencia y que sea difícil de descifrar, para protegerte de los hackers.

- SERVICIOS MAS COTIZADOS EN LA NUBE:

    1. Google Drive
    2. Dropbox
    3. One Drive
    4. iCloud de Apple
    5. Amazon Cloud Drive

2.6. LOS ALGORITMOS.

En informática, un algoritmo[51] es una secuencia de instrucciones, por medio de la cual se pueden llevar a cabo, ciertos procesos y dar respuesta a determinadas necesidades o decisiones. Se trata de conjuntos ordenados y finitos de pasos, que permiten resolver un problema o tomar una decisión.

Los algoritmos deben ser precisos e indicar el orden lógico de realización, de cada uno de los pasos, debe ser definido y esto quiere decir, que, si se ejecuta un algoritmo varias veces, se debe obtener siempre el mismo resultado, también debe ser finito, es decir se debe iniciar con una acción y terminar con un resultado o solución de un problema.
Todas las tareas ejecutadas por la computadora se basan en algoritmos. Un software o programa informático está diseñado a base de algoritmos.

---

[51] Thomas H. Cormen, Charles E. Leiserson, Ronald L. Rivest y Clifford Stein. (1989) "Introduction to Algorithms"

2.7. CÓDIGO ABIERTO

Los softwares de código abierto[52], son desarrollados con colaboración de los programadores que cooperen en sus desarrollos y sus códigos fuentes están disponibles para cualquiera que pueda utilizarlos, examinando, modificando y puede redistribuirlo. La tecnología denominada código abierto, es un modelo de producción descentralizada que permite que cualquier persona, que desarrolle software pueda modificar y compartir tecnología, porque su diseño es accesible de manera pública. código fuente abierto está fácilmente disponible para el público en general.

Las diferencias con los sistemas de código cerrado o privado, su código fuente propietario, sólo está disponible para un público restringido, como la información clasificada. Ventajas del código abierto, que se. mantiene en mejora constante gracias a la intervención, revisión y nuevas ideas de los desarrolladores. Combate prácticas poco éticas de depredación, monopolización y sobreprecios de software. Promueve estándares de calidad más altos.
Algunas de las aplicaciones de software de código abierto más frecuentes incluyen:

- El sistema operativo Linux
- Mozilla Firefox, un navegador web originalmente basado en Netscape Navigator
- Libre Office, una suite de aplicaciones de productividad de oficina
- GIMP (GNU Image Manipulation Program),
- VLC Media Player, una aplicación multiplataforma para ver vídeos

- Las categorías de software de código abierto, más comunes, incluyen:
- Lenguajes y marcos de programación
- Bases de datos y tecnologías de datos
- Sistemas operativos
- Repositorios públicos basados en Git
- Marcos para inteligencia artificial/machine learning/deep learning

2.8. LA AUTOMATIZACIÓN

La automatización, es el conjunto de elementos o procesos informáticos, mecánicos y electromecánicos que operan con mínima o nula intervención humana; los cuales se utilizan para optimizar y mejorar el funcionamiento de una planta u otra cosa. En la actualidad, la robótica y la informática han permitido incrementar el avance de la automatización. En innumerables sectores, se utilizan máquinas que permiten la automatización de procesos.

---

[52] El código informático, en la década de los 70, era parte del hardware del sistema, y no una propiedad intelectual exclusiva sujeta a protección de copyright

La automatización, es avance, evolución, no implica sustituir a las personas que realizan labores manuales, puede suceder y es lo más factible, pero las ventajas se encuentran en la productividad, la estandarización y la eficiencia. Nunca escapará de la intervención humana, tal vez más especializada y menos frecuente.

2.9. LA CRIPTOGRAFÍA

La criptografía[53], es la rama de la criptología que se encarga de las técnicas de codificado o cifrado, enfocadas en cambiar las representaciones lingüísticas de algunos mensajes, para hacerlos ininteligibles a personas no autorizadas. En la actualidad la criptografía se utiliza, para mantener seguro en línea material sensible, como puede ser las contraseñas privadas. Los expertos en ciberseguridad recurren a la criptografía para diseñar algoritmos, cifrados y otras medidas de seguridad que codifican y protegen los datos de la empresa y los clientes.

2.10. BASE DE DATOS

Una base de datos[54], es una herramienta para recopilar, organizar y almacenar información sobre personas, productos, pedidos u otras cosas. La Base de Datos, que es un conjunto de información perteneciente a un mismo contexto, ordenada de modo sistemático para su posterior recuperación, análisis y/o transmisión.

Entre las principales características, de los sistemas de base de datos se encuentran:

- Independencia lógica y física de los datos.
- Acceso concurrente por parte de múltiples usuarios.
- Integridad de los datos.
- Seguridad de acceso y auditoría.
- Respaldo y recuperación.
- Acceso a través de lenguajes de programación estándar.

---

[53] Taranilla de la Varga, Carlos (2018). Criptografía. Los Lenguajes Secretos de la Historia

[54] Este término fue escuchado por primera vez en 1963, en un simposio celebrado en California, EE.UU.

2.11. LA BIG DATA

El término Big Data[55], se refiere a los datos que son tan grandes, rápidos o complejos que es difícil o imposible procesarlos con los métodos tradicionales. En la base de datos, surge entre ellos, la Big Data que es el acto de acceder y almacenar grandes cantidades de información. Como el Big Data, es algo que no deja de crecer, las herramientas que se usan para gestionarlo evolucionan y se perfeccionan permanentemente y emplean herramientas como: Hadoop, Pig, Hive, Cassandra, Spark, Kafka, etc., dependiendo de los requisitos de cada organización. Hay muchísimas soluciones, y buena parte de ellas son de código abierto, como las que mencionamos, que se pueden utilizar para administrar y procesar grandes volúmenes de datos para ser analizados.

BIG DATA: Se conoce como Big Data, el acto de acceder y almacenar grandes cantidades de información que, para la analítica, ha existido desde hace mucho tiempo, década del 2000. Pero el concepto de Big Data, cobró impulso cuando Laney[56] (2023) articuló la definición actual de grandes datos, como las tres V (Volumen, Velocidad, Variedad:

- Volumen. - Las organizaciones recopilan datos de diversas fuentes, como transacciones comerciales, dispositivos inteligentes, equipo industrial, videos, redes sociales y más. El almacenamiento en plataformas como los data lakes y el Hadoop han aliviado la carga.
- Velocidad. - Con el crecimiento del Internet de las Cosas, los datos llegan a las empresas a una velocidad sin precedentes y deben ser manejados de manera oportuna. Las etiquetas RFID, los sensores y los medidores inteligentes están impulsando la necesidad de manejar estos torrentes de datos en tiempo casi real.
- Variedad. - La información se presenta en todo tipo de formatos, desde datos numéricos estructurados en bases de datos tradicionales hasta documentos de texto no lineales, correos electrónicos, videos, audios, datos de teletipo y transacciones financieras. En los últimos tiempos se habla de otras V importantes del Big Data como son: Veracidad, Volatilidad, Valor, Viabilidad y Visualización

Comenta Diego Calvete[57] (2023) citando Gartner, que Big Data es un gran volumen, velocidad o variedad de información que demanda formas costeables e innovadoras de procesamiento de información que permitan ideas extendidas, toma de decisiones y automatización de procesos.

---

[55] Doug Laney (2000). Término Big Data cobró impulso a principios de la década de 2000 y articuló la definición actual de grandes datos como las tres V (Volumen, Velocidad, Variedad)

[56] Doug Laney (2023). Articuló la definición actual de grandes datos, como las tres V (Volumen, Velocidad, Variedad)

[57] Articulo Las cinco herramientas de la Big Data imprescindible para tu empresa. Diego Calvete. Edem Escuela de Empresarios .2023

2.12. COMPUTACIÓN CUÁNTICA:

La teoría cuántica del físico Max Planck[58] (1918), también conocida como mecánica cuántica, es un área de la física cuyos principales objetos de estudio son los elementos que se encuentran a nivel microscópico. Átomos, electrones y moléculas son ejemplos de estructuras que habitan el mundo subatómico, todo lo que conforma nuestro Universo en la escala más pequeña que podemos identificar, que es la escala atómica molecular

Según el profesor Knobel[59], «la teoría cuántica también puede considerarse la base de toda la física y tiene profundas implicaciones en muchas áreas, desde la tecnología, con las computadoras cuánticas hasta la cosmología, que estudia la formación del Universo.

En la escala cuántica[60], ocurren diferentes fenómenos en comparación con el funcionamiento de nuestro mundo, que se llama macroscópico, un mundo que es lo suficientemente grande como para ser observado a simple vista. Esta característica también forma parte del fenómeno de la dualidad onda-partícula».

En este mundo de grandes desarrollos tecnológicos, surge la computación cuántica; la cual ha abierto la posibilidad de crear nuevos algoritmos de programación, capaces de solucionar problemas, difíciles para la computación tradicional, tal como lo señala, Jean-Pierre Deschamps[61], con su larga experiencia sobre desarrollos digitales, al señalar que la computación cuántica supera a la computación digital. La opinión de este experto deja entrever el inmenso horizonte de la tecnología cuántica.

PRINCIPIOS DE LA COMPUTACIÓN CUÁNTICA
La entrada en escena de esta tecnología cuántica, como comenta Simon y McQuarrie[62] y otros estudiosos del tema, que esta se basa en los principios cuánticos[63], como superposición, entrelazamiento y decoherencia:

---

[58] Max Planck, el padre de la teoría cuántica, fue galardonado en 1918 con el Premio Nobel de Física "por su papel en el avance de la física debido al descubrimiento de la teoría cuántica"

[59] El físico Marcelo Knobel, profesor del Departamento de Física de la Materia Condensada y del Instituto de Física Gleb Wataghin, de la Universidad Estadual de Campinas (Unicamp)

[60] La tecnología cuántica ha conseguido fabricar el dispositivo físico que implementa la mínima unidad de información en los ordenadores cuánticos, superconductores

[61] Jean-Pierre Deschamps. (2023) Computación cuántica: circuitos y algoritmos.

[62] Donald A. McQuarrie, John D. Simon (2021). Physical chemistry

[63] La mecánica cuántica tiene tres principios fundamentales: la hipótesis de De Broglie, el principio de incertidumbre de Heisenberg y la ecuación de Schrödinger. Dualidad onda-corpúsculo. De Broglie pensó que si la luz se comportaba como onda y como partícula también la materia debía poseer este carácter dual

- Principio de la Superposición: La superposición establece que, al igual que las ondas en la física clásica, puede agregar dos o más estados cuánticos y el resultado será otro estado cuántico válido. Por el contrario, también puede representar cada estado cuántico como una suma de dos o más estados distintos. Esta superposición de cúbits les da a las computadoras cuánticas su paralelismo inherente, permitiéndoles procesar millones de operaciones simultáneamente.
- Principio del Entrelazamiento: El entrelazamiento cuántico ocurre cuando dos sistemas se vinculan tan estrechamente que el conocimiento sobre uno le brinda un conocimiento inmediato sobre el otro, sin importar cuán separados estén. Los procesadores cuánticos pueden sacar conclusiones sobre una partícula midiendo otra. Por ejemplo, pueden determinar que, si un bit gira hacia arriba, el otro siempre girará hacia abajo y viceversa. El entrelazamiento cuántico, permite que las computadoras cuánticas resuelvan problemas complejos más rápido.

Cuando se mide un estado cuántico, la función de onda colapsa y el estado se mide como cero o como uno. En este estado conocido o determinista, el bit actúa como un bit clásico. El entrelazamiento es la capacidad de los cúbits para correlacionar su estado con otros cúbits

Principio de la Decoherencia: La decoherencia es la pérdida del estado cuántico en un bit. Los factores ambientales, como la radiación, pueden provocar el colapso del estado cuántico de los cúbits. Un gran desafío de ingeniería en la construcción de una computadora cuántica, es diseñar las diversas características que intentan retrasar la decoherencia del estado, como la construcción de estructuras especiales que protegen los cúbits de los campos externos.

Este tema de la tecnología cuántica y la inteligencia artificial, darán mucho de qué hablar entre expertos y legos, en el correr de estos tiempos.

2.13. LA ROBÓTICA.

Señala, Pérez Acevedo[64] (2015) que «las comunicaciones, la informática, la robótica y todas las aplicaciones de la electrónica en general tienen su origen en la electricidad y el magnetismo». El término robótica, fue acuñado por Isaac Asimov[65], quien la definió como la ciencia que estudia a los robots y también determino las tres leyes de la robótica.

La robótica es una ciencia que aglutina varias ramas tecnológicas:
- La rama de la ingeniería mecánica.
- La ingeniería electrónica y
- Las ciencias de la computación.

---

[64] Emely Faisulli Perez Acevedo (2015). Inteligencia Artificial

[65] El término robótica fue acuñado por Isaac Asimov, quien la definió como la ciencia que estudia a los robots. Asimov creó también las tres leyes de la rob

Estas ciencias se ocupan del diseño, construcción, operación, estructura, manufactura y aplicación de los robots. Técnica que se utiliza en el diseño y la construcción de robots y aparatos que realizan operaciones o trabajos, generalmente en instalaciones industriales y en sustitución de la mano de obra humana.

Los primeros robots industriales fueron desarrollados por George Devol y y Joseph Engelberger[66] (1954), fundaron la primera empresa robótica y en 1961 acuñaron el término automatización universal.

Las Ramas de la robótica:

- Robótica Industrial.
- Robótica de servicio.
- Robótica humanoide.
- Robótica inteligente.

En la actualidad, hay robots financieros, que son utilizados para atender clientes, el cual da la sensación de estar haciendo contacto entre humanos. El robot financiero[67] es un programa informático, basado en un conjunto de señales que ayuda a definir, tomar o no una decisión en un momento determinado.

Los avances de la robótica son espectaculares; así vemos robots que simulan el comportamiento y contacto humano: Softwares, llamados bots; Servicio al cliente; Visión artificial; Industria automotriz; Manufacturas; Energías renovables; Cirugía robótica; Nano medicina, entre otros avances.

2.14. EL METAVERSO

El término metaverso, lo introduce Neal Stephenson[68] (1992), el cual se ha usado para describir visiones de espacios de trabajo tridimensionales o virtuales, es un concepto que lleva a un mundo virtual, en el que se puede interactuar, y que ha sido creado para parecerse a una realidad externa. La idea que impulsa a las empresas de tecnología en estos desarrollos, es crear un universo paralelo y completamente virtual, al que se pueda acceder con dispositivos de realidad virtual y realidad aumentada, en el que se pueda interactuar.

---

[66] George Devol y Joseph Engelberger (1954) patentaron el primer robot industrial. Años después fundaron la empresa revolucionaria Unimation para poder fabricar el robot y acuñaron el término "Automatización Universal". 1961: Unimation desarrolló el robot industrial Unimate

[67] Forex, que tiene robot que es un programa informático, basado en un conjunto de señales de trading de divisas que ayuda a definir, si comprar o vender divisas

[68] Tomado de la novela Snow Crash Neal Stephenson.1992

El metaverso, según los autores Martin y Méndez (2020)[69] ... «en este mundo digital, la realidad virtual y aumentada (VR/AR, sus siglas en inglés) permiten que los avatares se muevan e interactúen de forma tan natural como sus homólogos del mundo físico». Algunos autores, como Horizon Worlds de Meta[70] (2021), se ciñen a la infraestructura centralizada tradicional que impregna la web hoy en día. Otros, como The Sandbox o Decentraland, se basan en principios de web3[71] o descentralizados y en tecnología de registro distribuido, como la identidad, la propiedad digital y los pagos respaldados por blockchain. Por lo tanto, el metaverso[72] es un término que abarca todas estas plataformas y la infraestructura que las soporta, así como la forma en que convergen para crear valor y nuevas experiencias, un mundo nuevo. En cambio, la web3 está enfocada en la infraestructura descentralizada, con la que los usuarios podrán crear y gestionar sus activos digitales, incluso en el propio metaverso.

Realidad virtual o aumentada: Hay mucho debate sobre si la realidad virtual o aumentada dominarán el mercado, la verdad es que cada uno ofrece su propio valor único. El Apple Vision Pro[73], es un innovador casco de realidad mixta desarrollado por Apple y anunciado en la *Worldwide Developers Conference* de 2023.

Así que, mientras Meta[74] se esfuerza por crear una plataforma que se centra en las interacciones de realidad virtual, Niantic, el creador de Pokemon Go, busca crear el «metaverso del mundo real», utilizando información y objetos digitales persistentes para complementar el mundo real. En el desarrollo de hardware, converge Quest Pro de Meta, los HMD de Apple[75] y Lynx R-1 son dispositivos de realidad mixta que permiten el uso de realidad virtual y aumentada. Otros avanzan también, en esa dirección y nos estarán sorprendiendo...

---

[69] Metaverso: Edgar Martin-Blas Méndez. Pioneros en un viaje más allá de la realidad (Spanish Edition) 2022

[70] Meta Horizon Worlds (antes Facebook Horizon) es un Metaverso en Internet gratuito de realidad virtual, con un sistema de creación de mundos y juegos integrado. Desarrollado y publicado por Meta Platforms para Meta Quest 2. Fue publicado el 2021

[71] Web3 es un término general para tecnologías como la cadena de bloques que descentralizan la propiedad y el control de los datos en Internet

[72] Guía práctica del metaverso. Pág. 7

[73] Héctor R. Metaverso Flow. 2023

[74] Meta (antes la empresa Facebook) desarrolla tecnologías que ayudan a las personas a conectarse, encontrar comunidades y hacer crecer sus negocios

[75] Apple y Meta, tiene posiciones diferentes del negocio de la realidad alterna 2023

2.15. LOS HACKING:

En estos avances del conocimiento tecnológico, hay de todo, por eso las instituciones y sus áreas de control y riesgo, deben evaluar también las aplicaciones que entran al mercado, llamadas hacking[76] que son el conjunto de técnicas, a través de las cuales se accede a un sistema informático, vulnerando las medidas de seguridad establecidas originariamente por sus desarrolladores.

---

[76] Hacking: Iníciate en el increíble mundo de la seguridad ofensiva (Spanish Edition). 2020 Edición en Español de Jotta Corporation (Author)

CAPÍTULO IX

LOS TOKENS

> «De vez en cuando, una nueva tecnología,
> un antiguo problema y una gran idea
> se convierten en una innovación».
> Dean Kamen.

1. CONCEPTOS DE TOKEN.

La palabra Token[77], deriva del vocablo anglosajón «tacen» = símbolo o signo, y aunque podría considerarse sinónimo del término francés «jetón» o del español «ficha», en inglés presenta un significado algo más amplio, de forma que se aplica tanto a objetos monetiformes como a otros de aspectos muy variados. La historia de estas «fichas», «tokens» o «jetones» resulta particularmente interesante, ya que constituyeron los cimientos de lo que más tarde se convertiría en la escritura. Los primeros «tokens» fueron fabricados con la finalidad de conservar la información de posesiones muy variadas, como aceite, grano o ganado, y surgieron en el esplendor de la antigua civilización Sumeria.

En tecnología, token es un código numérico que se utiliza para acceder y autenticar la identidad de un usuario, durante una transacción electrónica. Token, también es una unidad de valor, basada en criptografía y emitida por una entidad, basada en la tecnología blockchain. Los tokens pueden ser emitidos fungibles o no fungibles.

El token digital, también conocido como token de seguridad o token de autenticación, es una herramienta digital que genera una clave irremplazable de 6 dígitos de forma aleatoria. Esta clave se actualiza, aproximadamente, cada minuto.

El Token Físico es un dispositivo de seguridad digital, único e intransferible que cada 32 segundos genera un código de seguridad de 6 dígitos que no se repite que brindará protección a las transacciones y contra accesos no autorizados a sus cuentas

Un token es un objeto físico o digital que tiene valor en cierto contexto o para determinada comunidad, aunque su propia materialidad no contenga ese valor en sí. Las fichas de casino, es una porción de plástico, pero representan cantidades de dinero.

---

[77] Miguel Ibáñez Artica.(2015) Before Writing. Los primeros "tokens" y el origen de la escritura. El término anglosajón "token" describe cualquier tipo de ficha utilizada con fines contables, monetarios, propagandísticos o de celebración de algún acontecimiento especial (bodas, comuniones, bautizos…). Tomado del Artículo publicado en: Eco Filatélico y Numismático 62(1138) (Febrero 2006)

Esta tecnología fue creada[78] para los servicios, por internet de la banca, actualmente su uso se ha generalizado para agilizar operaciones, sin comprometer su seguridad digital en diversas instituciones.

2. TIPOS DE TOKENS:

Los tokens tienen diversas tipologías, depende su mención del uso o destino que se le asigna; así hay tokens de acceso, tokens de ID, JWT autofirmados, de actualización, federados y tokens del portado. Veamos la siguiente tipología:
a) Token de utilidad: Derecho de prepago para consumir bienes o servicios
b) Tokens de seguridad o valor: Contabilizar según regulación de cualquier valor de inversión (acciones, bonos o productos de inversión) • Tokens de seguridad muy parecido a la OPV.

Los tokens de utilidad, constituyen la mayoría de los tokens emitidos en el ámbito de las ICO[79]. Los utilizan principalmente, las empresas para despertar el interés por sus productos, y para la aplicación y creación de valor en los servicios prestados en los ecosistemas de blockchain.

2.1. DIFERENCIA ENTRE TOKEN DE UTILIDAD Y DE SEGURIDAD:

Las diferencias entre token de seguridad y utilidad, es que los tokens de seguridad, se utilizan mayormente para recaudar capital, mientras que los tokens de utilidad, están destinados a proporcionar acceso a un producto o servicio. Adicional a estas diferencias de algunos tokens, tienen características que los diferencian, así:

- Las criptomonedas, utilizan su propia blockchain, la mayoría de los tokens funcionan con una blockchain ya existente
- Los contratos inteligentes se utilizan para agrupar tokens existentes y para emitir nuevos tokens
- Los tokens se utilizan principalmente como medio de pago de servicios, como derechos de voto en ecosistemas o como activos digitales
- La situación reglamentaria de los tokens sigue siendo objeto de debate en la mayoría de los países

---

[78] En 2001, Trust Commerce creó el concepto de Tokenización, para proteger los datos de pago sensibles de un cliente

[79] En Estados Unidos, la Comisión del Mercado de Valores (SEC) es la autoridad encargada de regular la clasificación de un valor. La SEC también estipula la manera en que las empresas deben revelar sus ofertas de valores

2.2. Tokens de valor

Token de valor, son aquellos tokens criptográficos que se emiten vinculados a una oferta de valores, pueden ser acciones u obligaciones de alguna empresa o institución, se emiten basados en la tecnología blockchain. Estos tokens, también son conocidos como «token de inversión» o «token de capital». en el ámbito de la tecnología blockchain, se llama token de valor a un token criptográfico, vinculado a una oferta de valores.

Los tokens de valor[80], representan una participación en la empresa que los emite, esperando obtener un beneficio de la inversión.

Los tokens de valor sacan partido a la velocidad y a la eficiencia de la tecnología blockchain, a la vez que se benefician de las medidas reguladoras de los gobiernos[81], situación que se discute en muchos países, por los controles estatales.

La principal red de blockchain, que incluye Ethereum y Bitcoin y, junto al estándar ERC20[82] que es el formato más utilizado para crear cualquier tipo de proyecto basado en tokens. Las directrices de ERC20 equivalen a un contrato inteligente completamente funcional que dispensa un token, controla su suministro y supervisa su movimiento en todo momento.

3. CLASIFICACIÓN DE LOS TOKENS:

Los tokens se pueden clasificar en fungibles, que pueden ser transferible o que se consumen con su uso, y no fungibles, los que no pueden ser sustituidos por otro; entre estos tenemos:

a) TOKENS FUNGIBLES
Tokens fungibles, son aquellos que permiten la transferencia a otros usuarios. Normalmente están basados en el estándar de ERC20 o QRC20[83] y se emplean cuando se quieren emitir monedas digitales. Las criptomonedas como el Bitcoin, el Litecoin o el Ether son fungibles, pueden intercambiarse. como Bitcoin o Ethereum.

---

[80] En Estados Unidos, la Comisión del Mercado de Valores (SEC) es la autoridad encargada de regular la clasificación de un valor. La SEC también estipula la manera en que las empresas deben revelar sus ofertas de valores

[81] El test de Howey es una herramienta usada por los reguladores estadounidenses desde la década de los 40 del pasado siglo para determinar si un activo es un valor. Su existencia era desconocida para muchos usuarios de criptomonedas hasta el inicio de la batalla legal entre la SEC y Ripple en 2020

[82] ERC20 es el estándar técnico subyacente a los contratos inteligentes que sirven para la implementación de tokens en la blockchain

[83] El estándar QRC20 es el mismo que el ERC20. Entonces, puede usar el código QRC20 Token para crear su propio token QRC20 en Qtum

Las monedas y las criptomonedas son tokens digitales, ya que pueden ser intercambiables
Tokens Fungibles (FT): Son activos digitales o físicos que puede ser intercambiables, por bienes o instrumentos financieros idénticos entre sí, en términos de valor y características.

b) TOKEN NO FUNGIBLES
Un token no fungible o vale no fungible, es un activo digital encriptado. Es un tipo especial de token criptográfico, que representa algo único. Los tokens no fungibles no son intercambiables de forma idéntica.

4. TOKEN DIGITAL.

El token digital, también conocido como token de seguridad o token de autenticación, es una herramienta digital que genera una clave irremplazable de 6 dígitos de forma aleatoria. Esta clave se actualiza, aproximadamente, cada minuto.

- Estos criptoactivos, se clasifican en cinco (5) categorías, como se indica a continuación:

    a. Utility token o tokens de utilidad.
    b. Tokens de gobernanza. (otorgan a sus titulares derechos)
    c. NFT o tokens no fungibles.
    d. Security tokens.
    e. Artículos relacionados.

La Comisión Europea, en la Propuesta MiCA distingue 3 tipos de criptoactivos:

- fichas referenciadas a activos (asset-referenced tokens),
- fichas de dinero electrónico (e-money tokens) y
- fichas de servicios (utility tokens).

CÓMO FUNCIONA EL TOKEN DIGITAL:

El token digital, sirve para validar la identidad de una persona de forma segura, ante un banco, compra por Internet o la firma de un contrato electrónico. Un token digital, permite hacer 3 tipos de autenticación digital y su proceso es el siguiente:

a. Conocimiento: contraseñas, datos personales, información bancaria.
b. Propiedad: mediante un objeto físico, como celular o computador.
c. Características: mediante los datos biométricos.
d. Estos tipos de autenticación, se ponen en marcha cuando se registra una acción que requiere la identificación del usuario. En ese momento, se envía una clave para confirmar la identidad del usuario y autorizar la acción pendiente.
e. En la actualidad, el envío de la clave se puede hacer mediante correo electrónico, mensaje de texto, llamada telefónica o un archivo encriptado guardado en una memoria USB, entre otras opciones.

5. TOKEN DE AUTENTICACIONES

En el mercado para realizar autenticaciones, existen dos tipos de token digital, llamados token de software y de hardware. Veamos cada uno de estos token:

5.1. Token de software

Los tokens de software son programas, que se instalan en los equipos de las instituciones, como computadoras o celulares de los usuarios autorizados. Estos programas, permiten a las personas usar las claves aleatorias, para garantizar que su información está protegida, ya que la clave de acceso cambia cada varios segundos y solo puede ser descifrada gracias al token. Los tokens de software, son los más utilizados en aplicaciones bancarias y de servicios financieros.

5.2. Token de hardware

Los tokens de hardware son herramientas físicas o tangibles, que necesitan de dispositivos como tarjetas inteligentes o token USB para ser utilizadas. Su uso es muy frecuente, en procesos y en empresas que requieren de la presencia física de determinadas personas, para completar una acción o transacción.
El token de hardware, como todo recurso tangible, presenta el riesgo de la pérdida o el hurto, lo que amenaza contra la integridad de los datos y otros elementos sensibles para las organizaciones y los individuos.

IMPORTANCIA DEL TOKEN DE SEGURIDAD TRANSACCIONES DIGITALES:
Con el crecimiento del número de transacciones en línea, la seguridad en Internet se ha convertido en un tema cada vez más importante. Los riesgos, como el robo de información y el fraude, también han ido en aumento. El token digital, busca asegurar y garantizar la seguridad en las operaciones digitales, evitando la materialización de riesgos, con lo cual brinda tranquilidad y estabilidad a usuarios e instituciones

BENEFICIOS QUE PODEMOS OBTENER DEL TOKEN DIGITAL:
Entre los principales beneficios de trabajar con un token digital, están los siguientes:

- Minimizar el riesgo de fraudes y delitos electrónicos;
- Adquirir un token no tiene costo ni genera cuotas;
- El token es fácil de usar y llevar.

6. PARTICULARIDADES DE LOS TOKENS ICO

Una ICO (Initial Coin Offering), traducida al español seria, oferta inicial de dinero, es una nueva forma de recaudar capital para todo tipo de proyectos, a través de la venta de criptomonedas, siendo especialmente populares en el sector de las startups tecnológicos. Un ICO es un token virtual, escasos, protegidos por criptografía, que tienen un valor debido a su escasez y a su demanda, como monedas virtuales, en el entorno de las criptomonedas y las blockchain. Entre sus particularidades que presentan estos tokens, destacan:

- Inversiones Rápidas. con restricciones de entrada mínimas. A diferencia de las IPO[84], que en su mayoría solo aceptan inversiones con formalidad.
- Facilidades para Acceder al Mercado internacional de manera online.
- Las tecnologías blockchain permiten, validar los tokens con códigos o claves privadas.
- Los inversores pueden invertir en diferentes productos, diversificando su cartera, desde cualquier lugar del planeta.

Las ICO, no tienen regulación pública, ni garantías específicas y proliferan muchas en el mercado. Estas particularidades de las ICO, exige evaluar estas inversiones y sopesar su vulnerabilidad.

---

[84] Llamada Oferta Pública Inicial (IPO) al proceso por el cual una empresa privada vende por primera vez acciones al público.2022

CAPÍTULO X

LA BANCA DIGITAL

> «Controlar la complejidad es la
> esencia de la programación»
> Brian Kernigan

1. CONCEPTO DE TECNOLOGÍA BANCARIA

La tecnología usada en operaciones, actividades y servicios bancarios, se podría decir, que representan el cúmulo de conocimientos, técnicas, habilidades, métodos y procesos utilizados en el manejo u operatividad de la actividad bancaria. También se podría decir que la tecnología bancaria, la representan todos aquellos desarrollos de hardware y software que usa la banca para atender sus actividades internas y las relacionadas con sus clientes.

La Banca Digital o neobanca, son aquellas instituciones que su plataforma tecnológica le permite operar sin agencias o muy mínimas agencias, las cuales son habilitadas por las instituciones financieras proveedoras de servicios tecnológicos y financieros, para que sus clientes puedan acceder a sus sistemas en línea y realizar las transacciones, en su conexión con sus clientes, tales como depósitos, créditos y otros productos directamente; como movilizar y hacer uso de sus cuentas; así como tener control sobre sus movimientos en línea. La tecnología bancaria, es un elemento disruptivo para la llamada banca tradicional, que debe mantenerse competitiva en el mercado e incorporar tecnología digital, si quiere subsistir y ser competitiva.

2. COMERCIO ELECTRÓNICO

En la legislación de muchos países, actualmente se cuenta con una serie de normas que regulan el comercio electrónico. Veamos lo que señala la Ley de Comercio Electrónico de la Republica de Ecuador, en su artículo 2[85], se establece el «Reconocimiento jurídico de los mensajes de datos. Los mensajes de datos tendrán igual valor jurídico que los documentos escritos. Su eficacia, valoración y efectos se someterá al cumplimiento de lo establecido en esta Ley y su reglamento».

---

[85] Ley de Comercio Electrónico Articulo 2.- Ley No. 2002-67 (Registro Oficial 557-S, 17-IV-2002). Ecuador

Los autores del libro Comercio Electrónico[86] (2011), señalan sobre el término Comercio Electrónico: «que es traducido del término en inglés e-commerce, y puede ser definido como la actividad económica que permite el comercio de productos y servicios a partir de medios digitales, como páginas web, aplicaciones móviles y redes sociales. La relevancia de este tipo de comercio es tal, que los negocios lo toman como parte de la estrategia de ventas gracias a su eficiencia».

El comercio electrónico, introduce una serie de oportunidades y beneficios al comercio en general, así como a los clientes y a las instituciones financieras en sus actividades, amparadas en los procesos electrónicas, lo cual les facilita ofertar sus productos y servicios en las redes sociales, para ampliar su mercado transaccional, apoyándose en la nueva tecnología o banca digital, con ahorro sustancial de tiempo y costos, al aprovechar la plataforma en línea, que enlaza estas operaciones o actividades de comercio, clientes e institución financiera.

La banca electrónica de acuerdo a Moreno[87] (2008), «no es más que la banca tradicional, puesta a disposición de los clientes, a través de uso de medios electrónicos, como internet, lo que facilita y brinda un rápido y cómodo acceso a sus cuentas, permitiendo a su vez la realización de una gama de transacciones bancarias, con miras a garantizar un mayor control sobre las mismas, desde cualquier parte del mundo y a cualquier hora, permitiéndole a su vez que el banco un mayor acceso a los servicios financiero que ofrece, con independencia del lugar donde se encuentre el cliente».

El comercio electrónico, vino a crear toda una revolución de las actividades comerciales, apoyándose en las nuevas tecnologías y a la audacia de las startups o emprendedores, en una nueva forma de hacer negocios escalables, al poner sus productos o servicios en el mercado, aprovechando la interrelación de las actividades comerciales en el mundo.
El operar como banca digital o neobanca, tiene ventajas con respecto a la banca llamada tradicional, siendo las más resaltante su estructura organizacional liviana, con muy bajos costos operativos, salvo los relacionados con su tecnología y el mercadeo para posicionarse en el mercado donde compiten, que tienen que invertir.

---

[86] El libro de Comercio Electrónico. Eduardo Liberos, Rafael García del Poyo, Juan Gil Rabadan, Juan Antonio Merino e Ignacio Somalo.82011). El libro de Comercio Electrónico

[87] Moreno F. Dario N. (2008) Banca Por Internet: Las Nuevas Tendencias de Atención al Cliente Bancario. Chile. Editorial McGraw Hill

3. LA BANCA DIGITAL O NEOBANCA

La llamada Banca Digital o neobanca, está montada en la llamada tecnología digital, que las ayuda a penetrar en ese mundo tecnológico, que ha revolucionado el mercado, local e internacional. Antes de desarrollar el tema de la banca digital, veamos dos conceptos muy destacables y relacionados, como son los términos digital y virtual:
   a) El concepto digital[88], está estrechamente vinculado en la actualidad a la tecnología y la informática para hacer referencia a la representación de información de modo binario (en dos estados). En informática, se dice que Digital, es un dispositivo o sistema, que crea, presenta, transporta o almacena información mediante la combinación de bits o que se realiza o transmite por medios digitales.
   b) El concepto virtual, se refiere a lo que está ubicado o tiene lugar en línea (online), generalmente a través de internet o que tiene existencia aparente y no real.

Sobre la banca digital o neobanca, comentan los siguientes autores:
Comenta Noboa[89] (2015) que «la Banca Digital, cada día la tecnología avanza a pasos agigantados y para el sector financiero, el desafío más grande es innovar en cuanto a modelos de negocios digitales que transmitan a sus usuarios confianza y seguridad, los países desarrollos nos muestran que banca tradicional ya no tiene apertura y que para mantenerse en el mercado es necesario generar una transformación a una banca digital que permita ser más rentable ya que los gastos operativos disminuyen».

Comenta Rojas[90] (2017) que se puede definir a la banca digital al acceso de servicios y productos financieros sin infraestructura física, (agencias y cajeros automáticos) por una atención por web o app a través del móvil, con un número mínimo de personal.

Las herramientas digitales que ofrece la banca digital a sus usuarios, les permite una interacción directa e inmediata, sin necesidad de estar presente físicamente. Esta transformación digital trabaja tecnologías disruptivas, es decir, innovaciones que pretenden sustituir procesos ya establecidos; lo cual es la evolución tecnológica

Las herramientas tecnológicas de la actualidad; no solo sirven de soporte y apoyo a la banca digital o neobanca, sino que esa tecnología vino a darle soporte a la banca tradicional, para que se incorporara a la digitalización, apoyándose en mejor y más eficaz soporte operativo e interrelación con sus clientes, al proveer medios de comunicación y enlace, que facilitan sus operaciones y conexiones con clientes y otras instituciones financieras.

---

[88] Es aquello relativo a los dedos, las extremidades de las manos y los pies del ser humano.

[89] Diane Noboa. (s.f.). a Banca del Futuro: Una mirada al nuevo modelo de banca digital

[90] Laura Rojas. (2017) Transformación Digital e Innovación Abierta en la Banca. Caso Del BBVA. *
Laura Rojas, (2017) Innovación y transformación digital en Bancolombia

4. TIPOS DE BANCA

En el mercado financiero, existen diversos tipos de bancos, cada uno tiene su rol e importancia para la economía. Los bancos son entidades financieras que intermedian captando depósitos y colocándolos en crédito e inversiones y participando en los medios de pagos, son el motor que impulsa las finanzas en la economía.

BANCOS POR ACTIVIDAD:
Dentro de estos tipos de institución bancaria, según la actividad principal que ejecutan, se pueden clasificar en:

1. Bancos Centrales.
2. Bancos Universales
3. Bancos Comerciales.
4. Bancos de Inversión.
5. Bancos de Desarrollo.
6. Microbancos.
7. Bancos Digitales

Los diferentes tipos de instituciones financieras, que existen en sistema financiero mundial están determinados por los elementos que se tomen en cuenta para clasificarlas.

BANCOS POR SECTOR:
Dentro de esta tipología, existen diferentes modalidades de banco dependiendo del sector que atienden o estén relacionados:

1. Volumen de Operaciones
2. Minorista
3. Mayorista

Atendiendo a diferentes criterios de clasificación, también es posible clasificar a la banca en distintas clases

POR EL ORIGEN DE LA PROPIEDAD:

1. Privada.
2. Pública.

ATENDIENDO AL TIPO DE OPERACIONES QUE LA CONFORMAN:

1. Comercial.
2. Industrial.
3. Mixta.

DEPENDIENDO DE SU ZONA DE ACTUACIÓN:

1. Local.
2. Regional.
3. Nacional.
4. Internacional.

SEGÚN LA TECNOLOGÍA QUE OFRECEN AL CLIENTE

1. La Banca tradicional
2. La Banca Digital o neobanca
3. Las instituciones que ofrecen servicios bancarios

5. DIFERENCIAS ENTRE BANCA DIGITAL Y VIRTUAL:

Entre la banca digital y la banca virtual, hay algunas diferencias, muy sutiles; no obstante, para el común de la gente esos términos significan lo mismo. Estas diferencias, son las siguientes:

- Digital: Se relaciona con un dispositivo o sistema, a través del cual se crea, presenta, transporta o almacena información mediante la combinación de bits o que se realiza o transmite por medios digitales.
- Virtual: Que tiene existencia aparente no real o que tiene lugar en línea, generalmente a través de internet.

6. DIFERENCIAS ENTRE BANCA DIGITAL Y BANCA ELECTRÓNICA:

Veamos algunas diferencias, entre la banca digital y la banca electrónica, aunque algunas son muy sutiles también:

- Banca electrónica: presta sus servicios a través de cajeros, teléfonos, datafonos y otros canales electrónicos;
- La banca digital o en línea, requiere de dispositivos con conexión a Internet, como computadores, celulares y tablets para realizar procesos financieros.

7. MONEDA DIGITAL

Para definir o dar un concepto de moneda digital, debemos ubicarnos en su conceptualización:

a) En lo tecnológico, es un dispositivo o sistema, que crea, presenta, transporta o almacena información del dinero virtual, mediante la combinación de bits o que se realiza o transmite por medios digitales.

b) Desde el punto de vista económico, es un formato digital de dinero fíat o fiduciario, con todos los atributos del dinero físico, salvo lo inmaterial, esto es que se puede recibir, transferir y / o intercambiar y pagar bienes y servicios en línea. Su emisión y circulación en el mercado está bajo control del estado o banco central y centralizadas por instituciones financieras.

La moneda digital, es un medio de intercambio de dinero disponible en forma digital, no en forma física, que tiene las propiedades de las monedas físicas, permite transacciones instantáneas y transferencias. La moneda digital, es disponer de la misma moneda o depósitos que se tiene en la banca o institución financiera, que, por efecto de la tecnología, dispones de manera digital, con toda la aceptación del mercado, sea electrónico o digital.

8. DIFERENCIAS ENTRE MONEDA DIGITAL Y CRIPTOMONEDA:

- La moneda digital suele ser emitida por una entidad centralizada, como un banco u otro ente que la ponga en circulación.
- Las criptomonedas, en cambio, por no tienen un emisor centralizado, dependen de la participación y aceptación en el mercado.
- La moneda digital es un formato digital de dinero fiduciario,
- Las criptomonedas las emiten y la ponen en circulación terceros, con apoyo de la tecnología blockchain, para que giren en el mercado de manera autónoma e independiente, sujetas a las variantes del mercado.
- Las criptomonedas no están bajo el control de una sola entidad, es privado
- La moneda digital está bajo control del estado o es institucional

9. DISPOSITIVOS BIOMÉTRICOS:

Los mecanismos de medio de pago que utilizan las instituciones con sus clientes, es a través de un dispositivo biométrico[91]; lo cual permite realizar compras de bienes y servicios sin la presencia de tu tarjeta o libreta bancaria, utilizando la huella dactilar o facial como factor de autenticación. Las instituciones que utilizan estos sistemas no exigen afiliación y ponen condiciones de uso independientes de los límites de otros mecanismos, como los llamados puntos de Venta.

Esta tecnología que opera en el mercado minimiza el uso de efectivo, incentivando el pago de bienes y servicios a través de transacciones electrónicas. Este sistema de pagos permite realizar compras o cancelar deudas mediante el uso de tu huella dactilar o facial, siempre que dispongas de fondos.

Dependiendo del mecanismo que se use para disponer de los fondos o realizar las transacciones, se denomina al sistema. Ejemplo, los pagos móviles que son aquellos pagos que se efectúan con un dispositivo móvil. Estas operaciones reguladas se llevan a cabo de forma digital, sin tener que utilizar o insertar una tarjeta de débito o de crédito en un dispositivo de un punto de venta.

10. LA DIGITALIZACIÓN DE LOS PROCESOS BANCARIOS:

La digitalización permite sistematizar y automatizar los procesos y actividades de las instituciones. Las instituciones del sistema financiero, dado que deben procesar y controlar automáticamente sus operaciones, para que puedan disponer sus clientes, deben proveer aquellos mecanismos tecnológicos, que le permiten interactuar con la institución financiera y los negocios o comercios; con los cuales realizan actividades, como depositar, transferir, disponer de efectivos, realizar servicios, enviar pólizas, hacer compras u otro tipo de negocio.
La digitalización de los procesos en el sector financiero, permite incorporar tecnología o productos tecnológicos, que ofrece el mercado, a través de empresas tecnológicas, como: fintech, techfin, insurtech y otras, que diseñan estos desarrollos para que los adquieran las instituciones financieras, de manera expedita y con posibilidades de apoyo y mantenimiento; para activar la interacción entre el cliente y la institución; la cual está abierta y disponible para sus clientes, sin necesidad de desplazamiento físico, caso la banca, seguros, empresas del mercado de capitales y las tarjetas, entre otros.

---

[91] Los datos biométricos son los datos personales relativos a las características únicas del ser humano, sean físicas, fisiológicas o asociadas al comportamiento, que faciliten y garanticen la identificación de un individuo (persona física), mediante sistemas o procedimientos tecnológicos. Por ejemplo, son datos biométricos las huellas dactilares o la voz. El cuerpo de una persona posee gran cantidad de datos exclusivos y sensibles. Datos que pueden codificarse y almacenarse para aplicar diversos procesos de identificación

La digitalización brinda grandes beneficios al sector financiero, como los que señalamos a continuación:

- Procesos Más Eficientes
- Información Disponible de Inmediato
- Reducción de Costes
- Bancarización de Usuarios
- Usuario más Informados

El mercado de la tecnología está inundado de soluciones operativas y de comunicación, con software desarrollados a la medida de las necesidades de las instituciones financieras. Estas soluciones tecnológicas las ofrecen las empresas de tecnología, como las fintech, techfin, insurtech, entre otras, para entrelazar la conexión cliente instituciones financieras; así como para ofrecerles diseño y desarrollo de su infraestructura y alojamiento de datos.

Los servicios que ofrece la banca electrónica a través de internet, con desarrollos de banca móvil, banca por teléfono, terminales de puntos de venta (POS), mensajería instantánea (chat), redes sociales, correo electrónico, firma electrónica, dinero electrónico, red ACH, redes especializadas, cajeros automáticos, monedero y toda una constelación de empresas tecnológicas y financieras que están en el mercado. La información que procesa y provee la tecnología de la información y la comunicación, permite realizar proyecciones o simulacros y adecuar el rumbo de los negocios; así como un mayor y más eficaz control al área de contraloría, por la disponibilidad de información y los accesos de seguridad que proveen estas soluciones tecnológicas.

11. TIPOS DE ANALOGÍAS:

La analogía consiste, en la transferencia de una idea desde un contexto a otro; para estimular ideas con el propósito de resolver un problema en otro contexto. El razonamiento analógico, es una forma de razonamiento que consiste en obtener una conclusión, a partir de premisas en las que se establecen en una similitud o analogía, entre elementos o conjuntos de elementos distintos, por lo tanto, este va de particular en particular. Según Aristóteles: «La analogía es una igualdad de razones y requiere, por lo menos cuatro términos[92]...»

---

[92] Aristóteles que una cosa toma su forma de cuatro causas: en el caso de una mesa, la madera utilizada (causa material), su diseño (causa formal), las herramientas y técnicas utilizadas (causa eficiente), y su propósito decorativo o práctico (causa final)

La analogía, puede concebirse como un proceso en el que, mediante la comparación del análogo y del tópico, se establece una correspondencia de relaciones entre las características similares de ambos. Los conceptos o situaciones nuevas (tópicos) exigen analogía para su comparación con conceptos o situaciones conocidas (análogas) para su explicación. Estos conceptos son diferentes, pero presentan características similares.

Veamos los siguientes tipos de analogía[93], que presenta la doctrina, en: Simétrica, asimétrica, de causa efecto, por reciprocidad, de clasificación, comparativa y matemática; las cuales comentamos a continuación:

- Analogía simétrica. Aquellas en las cuales los referentes comparados pueden intercambiarse sin alterar las relaciones entre ellos.
- Analogía asimétrica. Aquellas en las cuales los referentes comparados no pueden intercambiarse, dado que su orden de aparición designa una relación específica. Donde, A es a B, como C a D, y no B es a A, como D a C.
- Analogía de causa y efecto. Las analogías de causa-efecto muestran la relación de dos términos, uno de ellos es la razón por la que sucede el otro. Por ejemplo: Chispa es a fuego como alimento es a nutrición.
- Analogía por reciprocidad. Las analogías están compuestas por dos cláusulas que tienen un par de palabras cada una. En estas analogías una palabra hace referencia a algo y la otra hace referencia a una condición necesaria para que exista lo nombrado por la primera palabra. Por ejemplo: Dar es a recibir como enseñar es a aprender.
- Analogía de clasificación. Aquellas que funcionan en base a reunir, en el mismo conjunto de cosas, a los referentes vinculados. Donde, A y B están en un mismo conjunto, así como B y C están en otro similar.
- Analogía comparativa. Es el uso de la comparación para aclarar significados complejos. Busca las semejanzas entre dos cosas diferentes. Por lo general se recurre a imágenes. La analogía es más pragmática.
- Analogía matemática. Una analogía matemática tiene como objetivo descubrir relaciones operacionales entre determinados números o símbolos que se proporcionan como datos. Se entiende por analogía la relación de comparación de estructuras que se establece entre dos dominios: uno familiar (llamado dominio fuente o análogo) y uno no familiar (llamado objetivo).

12. VENTAJAS DE LA DIGITALIZACIÓN:

Las ventajas que se generan para las instituciones financieras, el uso de tecnología digital; las cuales señalamos a continuación:

- Procesos más eficientes

---

[93] «Una analogía es una correspondencia desde algunos puntos de vista entre conceptos, principios o fórmulas no similares. Más precisamente, es un esquema de relaciones entre características similares de esos conceptos, principios o fórmulas» (Glynn, Britton, Semrud-Clikeman y Muth, 1989; Thiele y Treagust, 1994)

- Ejecución de tareas más rápida
- Personal actualizado en tecnología
- Clientes más informados

13. LOS RIESGO EN LA BANCA DIGITAL:

13.1. CONCEPTO DE RIESGO

Comenta Albarracín[94] (2002), sobre los conceptos de riesgo que nos dan los autores Aneas y Luhmann; los cuales señalan: Aneas (2000), concluye que el riesgo es la probabilidad de ocurrencia de un peligro, sin embargo, añade que el concepto «incluye la valoración por parte del hombre en cuanto a sus efectos nocivos (vulnerabilidad)». Para Luhmann (1996), «el concepto de riesgo se refiere a la posibilidad de daños futuros, debido a decisiones particulares. Las decisiones que se toman en el presente, condicionan lo que acontecerá en el futuro, aunque no se sabe de qué modo».

Para el PNUD[95] en su informe del (2001), «indica que estamos teniendo un cambio histórico, el paso de la era industrial a la era de las redes, donde la innovación tecnológica afecta doblemente el desarrollo humano».

El riesgo es la probabilidad de que una amenaza se convierta en un desastre. La vulnerabilidad o las amenazas, por separado, no representan un peligro. Pero si se juntan, se convierten en un riesgo, o sea, en la probabilidad de que ocurra un siniestro. El riesgo financiero, hace referencia a la incertidumbre producida en el rendimiento de una inversión, debido a los cambios producidos en el sector en el que se opera, a la imposibilidad de devolución del capital por una de las partes y a la inestabilidad de los mercados financieros que generan caídas del valor de las inversiones.

13.2. TIPOS DE RIESGOS

Los riesgos, los podemos clasificar en varios tipos, siendo la clasificación que indicamos de seguido, la más utiliza por las instituciones financieras:

a. Riesgo Jurídico: El riesgo derivado de las disposiciones legal
b. Riesgo Operacional: Es toda posible contingencia, que pueda generar pérdidas por el proceso de las actividades desarrolladas

---

[94] La Teoría del Riesgo y el manejo del concepto riesgo en las sociedades agropecuarias andinas. Jorge Albarracin. 2002

[95] El Programa de las Naciones Unidas para el Desarrollo (PNUD) es la red mundial de la ONU para el desarrollo, que propugna el cambio y hace que los países tengan acceso al conocimiento, a la experiencia y a los recursos necesarios para ayudar a que las personas se labren un futuro mejor

c. Profesional: El riesgo que surge, del ejercicio de la actividad profesional
d. Riesgo Crediticio: El derivado de incumplimiento del compromiso de pago o ejecución de garantías.
e. Riesgo de Liquidez: Generado por falta de fondos, para atender compromisos
f. Riesgo de Mercado: El riesgo derivado de la oferta y la demanda de los bienes y servicios
g. Riesgo Reputacional: Es la amenaza, peligro o pérdida que puede causar daño a la buena reputación de un sujeto y afecta negativamente la percepción que la sociedad tena de él.

13.3. AVERSIÓN AL RIESGO

La aversión al riesgo es la actitud de rechazo que experimenta un inversor ante el riesgo financiero, por la posibilidad de sufrir pérdidas en el valor de sus inversiones.

Los niveles de aversión al riesgo están relacionados con el perfil del inversor, así:

a. Riesgo bajo, lo asumen aquellas personas con una alta aversión al riesgo, las cuales tiene un perfil conservador, no asumen mucho riesgo, buscan estabilidad y prefieren tener poca rentabilidad y mayor seguridad.
b. Riesgo alto, lo asumen aquellas personas arriesgadas, actúan en niveles de incertidumbre y potenciales pérdidas.

14. OPERACIONES DIGITALES DE LAS INSTITUCIONES FINANCIERAS

Las operaciones digitales que realizan las instituciones financieras son las transacciones que se realizan a través de las diferentes herramientas tecnológicas, sistemas automáticos, dispositivos, recursos tecnológicos y de análisis de datos, que generan, almacenan y procesan información. Estas tecnologías permiten, automatizar procesos, simplificar labores y desarrollarlas. Tener las ideas adecuadas o brillantes (key insights) de tus operaciones o negocios en tus relaciones clientelares, al mercadear o publicitar tus productos o servicios. El término insights, se relaciona con ideas que ayudan a resolver problemas y que revelan las claves para desarrollar las estrategias adecuadas que deben implementar. En este norte, las instituciones financieras deben apuntar a tener accesos a aquellas tecnologías inteligentes que le permitan competir más eficientemente en el mercado:

- Tecnologías inteligentes.
- Tener una red IoT
- Incorporar Realidad Virtual Aumentada
- Blockchain
- Otras

Las instituciones financieras y cualquier empresa, debe planificar y establecer estrategias, ajustadas al plan de negocio que tengan sobre tecnología, para atender sus actividades productivas, comerciales, de marketing, acorde al mercado que atiendan o pretendan cubrir.

14.1. LAS OPERACIONES DE LA BANCA DIGITAL

- Contratar cuenta bancaria y otros productos
- Pagos electrónicos y transferencias de fondos.
- Consultar saldo y movimientos de cuenta.
- Automatizar el pago de impuestos y servicios
- Remesas de dinero al momento.
- Realizar operaciones de cajeros automáticos
- Tarjetas de crédito y debito
- Otras operaciones

Además de la banca, las instituciones de seguro y del mercado de capitales, también realizan sus operaciones o pueden atender negocios, apoyándose en las operaciones digitales.

14.2. TECNOLOGÍAS INTELIGENTES:

Tecnología Inteligente (TI), aplicada de manera adecuada y conveniente, puede ser la clave para que estas estrategias cumplan sus objetivos. En esta tecnología inteligente, además de la IA, destacan los contratos inteligentes. Sobre los contratos inteligentes, comentan los autores: Peralta. Romero y Scarso, en su obra[96], «que el uso de los contratos inteligentes en el servicio financiero muestra sus ventajas y desventajas; así como aborda temáticas como la retención y percepción de impuestos nacionales, las billeteras virtuales, los sistemas de pago, bancos digitales, y agentes de liquidación y compensación...»

15. LA GAMIFICACIÓN Y LA LUDIFICACIÓN:

En el aprendizaje formal o eventual o circunstancial, se usan diferentes técnicas digitales. Vamos a hacer un breve comentario, de dos de las técnicas de aprendizaje más conocidas, como son las llamadas gamificación y la ludificación:

---

[96] Fintech y Banca Digital: Análisis Integral. Tratamiento Tributario y Regulatorio. María Gabriela Peralta, María Victoria Romero y Juan Manuel Scarso. Editorial: Thomson. Año: 2021. Argentina

15.1. LA GAMIFICACIÓN:

La Gamificación es una técnica de aprendizaje, que traslada la mecánica de los juegos, al ámbito educativo-profesional con el fin de conseguir mejores resultados, ya sea para absorber mejor algunos conocimientos, mejorar alguna habilidad, o bien recompensar acciones concretas, entre otros muchos objetivos.

La idea de «Gamificación» es algo innovador que, aunque parece complejo, como un proyecto a implementar, es algo que suma mucho valor y que definitivamente mueve la atención y la motivación de las personas; con lo cual, tendríamos como resultado, más fidelización y mejor servicio.

15.2. LA LUDIFICACIÓN:

La ludificación es el uso de técnicas, elementos y dinámicas propias de los juegos y el ocio en actividades no necesariamente recreativas, con el fin de potenciar la motivación, así como de reforzar la conducta de los participantes. La ludificación[97], es la incorporación de elementos y mecánicas propias del juego en contextos no lúdicos, como el aprendizaje y la formación. Con esta herramienta, se logra aumentar la motivación y el compromiso de los estudiantes.

Son evidente los aportes que estas herramientas darán a las personas e instituciones que las usen.

15.3. DIFERENCIA ENTRE GAMIFICACIÓN Y LUDIFICACIÓN

Las diferencias entre estos dos conceptos vienen dadas porque la gamificación se centra diseñar experiencias de usuarios, basadas en juegos, buscando objetivos específicos; mientras que la ludificación hace uso de elementos de juego en contextos no lúdicos, para motivar la participación en actividades diversas.

---

[97] Cita Wikipedia https://es.wikipedia.org/wiki/Ludificación

CAPÍTULO XI

LOS PROCESOS DIGITALES

> La tecnología no es nada. Lo importante
> es que tengas fe en la gente, que sean
> básicamente buenas e inteligentes,
> y si les das herramientas, harán
> cosas maravillosas con ellas
> Steve Jobs

1. CONCEPTO DE PROCESOS DIGITALES:

Los procesos digitales, han introducido cambio al incorporar nuevas tecnologías, en los dispositivos de hardware, o soluciones de software más avanzados; así como en la nueva forma de capturar, gestionar y almacenar rápido grandes volúmenes de datos.

Los autores: Slotnisky (2016), Moreno (2018) y Martínez (2019), consideran que la transformación digital es un proceso adaptativo, eficiente en el manejo y transformación de datos mediante soluciones digitales, que resultan en conocimiento que adquieren las personas y beneficia a las empresas.

Los usuarios que interactúan en Internet dejan un rastro, que le sirve a los que usan esa información relacionada con el comportamiento del consumidor, para procesar y ordenar los datos que los utilizan en sus estrategias. Estas tecnologías que han transformado el mundo son entre otras: Cloud Computing, Big Data, Inteligencia Artificial (IA), Internet de las Cosas (IoT), Realidad Virtual y Aumentada y la Robótica, entre otras.

2. LA DIGITALIZACIÓN TRANSFORMADORA:

El proceso digitalizador permite:

- Automatizar procesos, para mayor productividad
- Nuevas tecnologías de gestión empresarial
- Mejor y más eficiencia en los costos y toma de decisiones
- Añade valor al producto y permite conocer al cliente

En cuanto a las empresas e instituciones, a la digitalización, les facilita, entre otras cosas:

2.1. CONOCER AL CLIENTE

Las instituciones a través de la tecnología logran obtener mayor información de sus clientes, al capturar, almacenar y procesar la data generada de sus conexiones con la plataforma de la institución, donde se pueden identificar patrones y tendencias, que podrán ser usadas para mercadear, efectuar predicciones y desarrollar iniciativas, que satisfagan a la institución y al cliente, en búsqueda de mejores resultados. La Inteligencia de Negocio (Business Intelligence), a través de tecnologías precisas y avanzadas, facilita la toma de decisiones, basándose en datos objetivos y precisos.

2.2. Evaluación de personal

La digitalización, también logra transformar la gestión del Recurso Humano. Con esta tecnología, se evalúa la gestión de datos, para conseguir medir en forma objetiva la productividad de los empleados. La movilidad, permite que muchos empleados, no necesariamente tengan que trabajar desde un sitio determinado, ni que tengan que realizar tareas manuales, que un robot o software pueda realizar mejor y más rápido. Cobra protagonismo, el trabajo remoto (Smart Working) y se reduce el impacto del «presentismo» en las empresas e instituciones.

2.3. MEJORAR LOS PROCESOS INTERNOS

La tecnología digital, permite mejorar los procesos, al proveer información al instante a las unidades de control de gestión y desarrollo. La automatización de los procesos se traduce en una optimización de actividades y manejar más eficiente los costes. Las empresas que avanzan en la digitalización consiguen aumentar su competitividad.

2.4. NUEVOS PRODUCTOS Y SERVICIOS DIGITALES

La digitalización, abre la posibilidad de introducir nuevos proyectos, productos y servicios; lo cual genera nuevos puestos de trabajo, ligados al ámbito digital

2.5. OPORTUNIDAD DE NEGOCIOS

La digitalización, es una gran oportunidad para los emprendedores; los cuales deben adaptarse a las exigencias del mercado, con alta competitividad. Las tecnologías avanzan de forma vertiginosa, al desarrollar nuevos proyectos, se debe tener una visión de mercado amplia y con proyecciones. Los promotores deben tener liderazgo, conocimientos analíticos del proyecto, información del producto, del mercado, la competencia y la normativa imperante.

3. IMPACTO DE LA DIGITALIZACIÓN:

La digitalización, tiene tiempo en el mercado, pero es de reciente la utilización de la data en las actividades y procesos de las finanzas y la economía, con la incorporación de productos, como criptoactivos, criptomonedas, o tokens, moneda digital blockchain, que es parte de la evolución de la tecnología digital. El avance de las tecnologías digitales produce cambios en los hábitos de los consumidores y en las instituciones.

4. LOS PROCESOS DIGITALIZADORES:

La digitalización[98], es definida como «la acción y efecto de digitalizar», lo que conlleva un proceso de adaptación al uso de estas tecnologías e implica modificaciones en el modo en que utilizamos y comprendemos la información. Los procesos digitales, se basa en adoptar tecnologías digitales en las actividades y procesos de las instituciones para cambiar el ambiente interno y externo en su relación con la clientela. La digitalización, incorpora herramientas digitales, para hacer más eficientes algunos métodos y herramienta de trabajo, procesos y protocolos en las instituciones y las relaciones con el mercado.

5. TIPOS DE DIGITALIZACIÓN

La digitalización, la podemos clasificar[99] de acuerdo a la tipología que atiende, en lo administrativo, operativo, servicios y holística; así:

5.1. DIGITALIZACIÓN ADMINISTRATIVA

Como su nombre lo indica, corresponde a aquellos procesos que se incorporan a los sistemas digitales, para automatizar y hacer más eficientes los procedimientos relacionados con los procesos administrativos, financieros y de recursos humanos de la organización.

---

[98] Real Academia Española https://dle.rae.es/digitalización

[99] Publicación de Krowdy, delega tu reclutamiento Perú. 2023

5.2. DIGITALIZACIÓN OPERATIVA

La digitalización, busca automatizar los procesos operativos cotidianos de la organización, para hacer más eficiente la ejecución de las actividades estratégicas del negocio, como las de producción, venta, mercadeo y control; lo cual conlleva entrenar personal en los temas digitales.

5.3. DIGITALIZACIÓN DE SERVICIOS

La digitalización, busca automatizar las actividades y procedimientos de los servicios que presta la organización a sus clientes y relacionados, adecuándolos a las necesidades y exigencias de la clientela y del mercado, acompañándolas con ofertas innovadoras por el despliegue de tecnología, como:

- Lanzar aplicaciones móviles
- Sitios de venta online
- Oferta de servicios y productos en línea
- Sistemas virtuales o de realidad expandida

5.4. DIGITALIZACIÓN HOLÍSTICA

La digitalización holística, busca integrar los distintos sistemas digitales, como un todo en la organización, como los sistemas administrativos, operativos y de servicios. Estas integraciones, buscan hacer más eficiente la cadena productiva, a través de sus canales de comunicación interna, que fluyen también al exterior. Esta posición metodológica y epistemológica, se fundamenta en que los sistemas y sus propiedades deben ser analizados como un todo.
La digitalización holística, busca integrar:

- Sistemas de Gestión de Relaciones con la clientela, Customer Relationship Management (CRM)
- Compartir Bases de Datos en línea
- Integrar al manejo interno de la empresa servidores, propios y privados
- Adquirir computadoras, sistemas de comunicación bluetooth o paquetería informática para los empleados

CAPÍTULO XII

LAS COMUNICACIONES

> «De todos los inventos para la
> Comunicación en masa, las
> imágenes aún hablan el
> el lenguaje universal
> más entendido»
> Walt Disney

1. CONCEPTO DE COMUNICACIÓN

La palabra comunicación, deriva del latín: Comunicare, «compartir o poner en común algo». Son múltiples los conceptos de comunicación, citemos algunos de ellos: Acción y efecto de Comunicarse; Trato, correspondencia entre dos o más personas; transmisión de señales mediante un código común al emisor y receptor. Información escrita, donde se comunica algo, los medios radioeléctricos, entre otras.

La comunicación, se considera una categoría polisémica, que es utilizadas por todas las ciencias, aunque es parte de la ciencia social. La comunicación en los seres humanos es acto propio de su actividad psíquica social, derivada del lenguaje y el pensar. En toda comunicación, encontramos dos actores, un emisor y un receptor, un mensaje, un código que descifran las partes y que les llega por diversos canales, en el ambiente donde se encuentren. La comunicación puede ser verbal, escrita, o por señas, físicas o digitales; donde intervienen los sentidos o la tecnología, para descodificar e interpretar el mensaje, que envía el emisor por los canales que disponga al receptor de la información enviada y recibida.

Veamos los diferentes conceptos sobre comunicación, que nos dan estos autores:

- Lamb, Hair y McDaniel[100] (2006), la comunicación es «el proceso por el cual intercambiamos o compartimos significados mediante un conjunto común de símbolos».
- Idalberto Chiavenato[101] (2006), comunicación es «el intercambio de información entre personas. Significa volver común un mensaje o una información».
- Fernando González Rey[102], «La comunicación es la interacción de las personas que entran en ella como sujetos. No sólo se trata del influjo de un sujeto en otro, sino de la interacción. Para la comunicación se necesita como mínimo dos personas, cada una de las cuales actúa como sujeto».

---

[100] Título, Marketing; Autores, Charles W. Lamb, Joseph F. Hair, Carl McDaniel ; Edición, 6 ; Editor, Thomson, 2002. Pag. 484

[101] Administración de Recursos Humanos. Idalberto Chiavenato.

[102] Personalidad, Educación y Desarrollo. Fernando González Rey, 1995. Editorial Pueblo y Educación

- Según investigación de Rebeca Consuelo Mencos de León[103] (2008), la comunicación es un fenómeno inherente a la relación grupal de los seres vivos, por medio del cual éstos obtienen información acerca de su entorno y de otros entornos y son capaces de compartirla, haciendo participes a otros de esa información.

2. LA TECNOLOGÍA Y LAS COMUNICACIONES

Con la incorporación de la tecnología TIC, a los procesos comunicacionales, surge un elemento, observable en los canales de comunicación, donde surge un receptor, no humano, que descifra mensajes y a su vez, es emisor, devolviendo respuesta adecuada al mensaje recibido. Aquí estamos hablando, de procesos tecnológicos en la comunicación, aunque esto es producto de la elaboración humana. Estos medios tecnológicos de hoy pueden enviar, ejecutar, recibir y descifrar mensajes, sea de texto, voz, video u otra codificación, en ese proceso de interacción de la comunicación. Estos medios tecnológicos, como emisores y receptores en la comunicación, son los llamados robots humanoides (la robótica), la inteligencia artificial, smart contrat, entre otros y no estamos especulando de la realidad aumentada y virtual, ni del metaverso. Estamos hablando de sistemas informáticos, que sus algoritmos, ejecutan casi a la perfección nuestras instrucciones., donde la comunicación puede ser sincrónica o asincrónica, o condicionada a ser simétrica o asimétrica, su algoritmo define la relación.

3. LA INFORMACIÓN Y SUS INSTRUMENTOS

Cuando hablamos de información y comunicación, no podemos dejar de mencionar a los instrumentos masivos de información de hoy, como: Instagram, Facebook, X (antes Twitter), threads, TikTok, wasap, la prensa, radio y tv, entre otros. Estos instrumentos, son soporte y apoyo, a quien pretenda penetrar mercado, publicitando sus productos o servicios por estos canales de amplia difusión. Es tal el alcance y penetración de estos medios, que están siendo objeto de limitaciones en la información que transmiten. Siempre hay que ubicar la fuente, de donde procede la información, para interpretar los mensajes.

---

[103] Rebeca Consuelo Mencos León. Tesis de Grado 2008. Universidad de San Carlos de Guatemala Escuela de Ciencias de la Comunicación. PAGINAS 6 y 7

Grandes corporaciones y gobiernos mueven sus intereses particulares, a través de estos canales masivos, de amplia difusión e inmediatez, aprovechando la tecnología del presente, con sus soportes en mecanismos como internet, las telecomunicaciones satelitales y las que colocamos en el espacio interestelar. La cobertura de mercado, a través de estos instrumentos, es de una dimensión, donde buena parte de la humanidad, tiene acceso a la información, a través de sus celulares, que se han convertido en una necesidad.

4. COMUNICACIÓN SINCRÓNICA Y ASINCRÓNICA

La comunicación puede ser sincrónica y asincrónica, que son dos formas de intercambio de información, en función de la simultaneidad con la que se envía, ofrece el mensaje y se recibe. Sobre este tema de la comunicación, comenta Jesús Valverde Berrocoso[104] (2002), que la comunicación sincrónica es aquella «en la que los usuarios, a través de una red telemática, coinciden en el tiempo y se comunican entre sí mediante texto, audio y/o vídeo». Por ejemplo, en una vídeo conferencia, los interlocutores implicados conversan al mismo tiempo, siendo necesario que, tanto emisor, como receptor se encuentren conectados al mismo tiempo, y en la comunicación asincrónica, «los participantes utilizan el sistema de comunicación en tiempos diferentes». El correo electrónico, es un buen ejemplo, el receptor puede leer el mensaje en cualquier momento, sin que se produzca simultaneidad en la transmisión del mensaje que se comunica.

Entendemos por comunicación, aquella interacción entre un emisor de un mensaje, a través de los canales de que disponga, y un receptor con la capacidad de descifrar el mensaje que recibe por los canales de percepción de que dispone. Así tenemos: Un emisor, un receptor, un mensaje, un código que se descifra y unos canales.

---

[104] Herramientas de comunicación sincrónica y asincrónica, Universidad de Extremadura. 2002

5. DIFERENCIAS ENTRE LA COMUNICACIÓN SINCRÓNICA Y ASINCRÓNICA

Como señala Joel Shore[105] (2008), que «mientras que las comunicaciones asincrónicas no esperan una respuesta, la ejecución sincrónica requiere que las partes o los componentes funcionen simultáneamente en tiempo real». De este modo, la simultaneidad de la conversación es la distinción clave, entre la comunicación sincrónica y asincrónica. Sin embargo, existen otras diferencias entre estos dos tipos de transmisión de información a través de internet:

- La comunicación sincrónica es temporalmente dependiente, los comunicantes deben coincidir al mismo tiempo, lo que no ocurre en la asincrónica.
- En la comunicación sincrónica, los datos se transfieren en forma de tramas, mientras que, en la asincrónica, los datos se envían de un byte en un byte.
- La transmisión sincrónica necesita una señal de reloj, entre el emisor y el receptor para informar sobre la llegada del nuevo byte o mensaje. En cambio, en la asincrónica, no se requiere esta señal de reloj externa, puesto que los datos se sincronizan a través de señales, que indican el inicio del nuevo byte o mensaje
- La transmisión asincrónica es más simple y económica que la sincrónica, pero esta es más eficiente.

6. TIPOS DE COMUNICACIÓN SINCRÓNICA Y ASINCRÓNICA

En la comunicación sincrónica y asincrónica, se puede realizar distinción, concretas como lo señala Roberto de Miguel Pascual[106] (2010), que los servicios que proporciona la comunicación en internet pueden agruparse en estas cuatro categorías:

- Comunicación asincrónica de usuario a usuario: Cuando el contenido es enviado por un emisor a un receptor concreto, como ocurre con un SMS.
- Comunicación asincrónica entre múltiples usuarios: En el caso de que el mensaje esté dirigido a un grupo de personas, como es el caso de un foro de discusión en una página web.
- Comunicación sincrónica de usuario a usuario: Si se trata de conversaciones personalizadas y simultáneas, como una llamada por Skype.

---

[105] Joel Shore. Artículo «Synchronous vs Asynchronous Communication: The Differences». Comunicación sincrónica y asincrónica: conceptos y herramientas. Cita Sandra Prieto. 2018

[106] Fundamentos de la Comunicación Humana. Roberto de Miguel Pascual. Imprenta Gamma. Alicante. España. Publisher: Editorial Club Universitario, 2010

- Comunicación sincrónica entre múltiples usuarios: Aquellas conversaciones electrónicas interactivas con varios participantes, como un *Hangout* grupal.

7. HERRAMIENTAS DE COMUNICACIÓN SINCRÓNICA Y ASINCRÓNICA

- Las herramientas de tecnología más frecuente en el uso de la comunicación corporativa, con la comunicación sincrónica: Audio conferencia; Vídeo conferencia; Chat y Mensajería instantánea
- En cuanto a los instrumentos de comunicación asincrónica, encontramos: Email; Listas de distribución; Foros de debate; Wikis y Documentos compartidos

8. LA COMUNICACIÓN SIMÉTRICA Y ASIMÉTRICA:

La comunicación, tal como lo señala los autores de la obra Teoría de la Comunicación[107], se da desde que la persona siente la presencia de la otra, con la cual se relaciona. De esta comunicación, surgen dos tipos de relaciones, las simétricas y asimétrica. Veamos cada una de ellas:

8.1. LAS RELACIONES SIMÉTRICAS

Las relaciones simétricas son aquellas en las que sus miembros están en condiciones de igualdad. Ejemplo la pareja, los amigos, o con un grupo de ciudadanos. La autoridad tiene una contra partida, libera al otro miembro de la responsabilidad. Por lo tanto, una persona debe decidir si acepta limitar la libertad del otro a la hora de tomar decisiones, sabiendo que esto libera al otro de sus responsabilidades.

8.2. RELACIONES DE ASIMETRÍA

Las relaciones asimétricas, son aquellas en las que un miembro tiene autoridad sobre el otro o los otros. Entre un maestro y un alumno, entre un padre/madre y un hijo, entre un policía y un ciudadano o entre un jefe y un empleado. Es decir, no son relaciones basadas en la igualdad.

---

[107] Teoría de la Comunicación, Manuel Martin Serrano; José Luis Piñuel, Raigada Jesús Gracia Sanz, María Antonia Arias Fernández. Madrid 1982. 2da Edición.

En las relaciones de asimetría es necesario y se justifica tener autoridad. El maestro, debe tener autoridad sobre el alumno para facilitar que este alumno, reciba unos conocimientos -no solo académicos- de manera ordenada. El padre y la madre deben tener autoridad sobre el hijo para enseñarle a moverse por el mundo y el jefe, tiene autoridad sobre los empleados, para hacer encajar los resultados del trabajo en una línea estratégica.

Decimos, al igual que Gema Murciano[108] (2022), que la asimetría va ligada a la limitación de la responsabilidad. A medida que la autoridad se disuelve, esta responsabilidad queda cada vez más repartida. Cuando un hijo se hace mayor, la autoridad que ejercen sus padres hacia él disminuye, pero a la vez se espera que se vaya adquiriendo la capacidad de responder de sus cosas.

9. LOS METADATOS

Dentro del tema de las comunicaciones y la tecnología digital, veamos que son los metadatos[109], los cuales se definen como «datos acerca de los datos» y suministran información sobre los datos producidos. En otras palabras, es la información descriptiva de un documento, que va incrustada dentro de un archivo digital y da como resultado su identidad particular. Los metadatos contienen información, muy importante al momento de catalogar o clasificar todo tipo de documentación digital; lo cual es parte de la información que se genera de las comunicaciones digitales.

Podemos decir que metadatos, es la información que caracteriza los datos, al describir su contenido, calidad, condiciones, antecedentes, disponibilidad y otras características que pudieran contener los datos.

10. EL MÉTODO HEURÍSTICO

El método heurístico, nos sirve en las comunicaciones para aportar soluciones a problemas que se presenten, a través de investigaciones y comparaciones. Este método es utilizado como un recurso para la resolución de problemas de cualquier área del conocimiento, basado en el análisis de la situación, diseño de estrategias, aplicación de las mismas y validación de los resultados. Este método o procedimiento, consiste en realizar juicios en la medida en que algunas situaciones se parecen a otras situaciones o categorías. Es decir, se trata de juzgar la probabilidad de que una persona, acción o sujeto pertenezca a un conjunto o categoría fijándose en la semejanza entre el mismo y los miembros del grupo.

---

[108] Gema Murciano (2022). Mediación y Arbitraje: Las asimetrías en las relaciones familiares durante un proceso de mediación

[109] Luis Eduardo Morales González. AGEO Metadatos como clasificación de documentación digital

El juicio, por lo tanto, se basa en determinar si la persona, acción o suceso es representativo de una clase y si se decide que lo es, se juzgará que es probable que pertenezca a esa clase (juicio por representatividad). Un ejemplo clásico del procedimiento heurístico de representatividad es pensar que los productos de gran calidad son caros, y bajo este razonamiento, si algo es caro tiene que ser de gran calidad, aunque sabemos que no siempre es así.

CAPÍTULO XIII

LOS MEDIOS DE PAGO

Carpe diem quam mínimum
Crédula postero.
Homero

1. CONCEPTOS DE MEDIOS DE PAGO

Los medios de pago son aquellos mecanismos o instrumentos aceptados en el mercado, que permiten realizar compraventa de productos, servicios, honrar compromisos, cobrar y realizar negocios u operaciones de cualquier tipo.

2. TIPOS DE MEDIOS DE PAGOS

Los medios de pago, más utilizados, son: efectivo o cheques[110] y los pagos realizados a través de la tecnología digital, con transferencias, tarjetas de débito o crédito u otros mecanismos financieros. Parte de estos medios de pago, también son utilizados por un conglomerado inmenso de la población global, que no está bancarizada.

Los principales medios de pagos que se utilizan son:

2.1. Dinero en efectivo.

Es el medio de pago más aceptado en el mundo. El efectivo, el cual sigue siendo el medio de pago más utilizado, al no estar bancarizada buena parte de los que disponen de estos medios de pago, incluyendo a aquellos que movilizan grandes cantidades de fondos y no quieren ser identificados.
La penetración de la tecnología es tal, que cada vez más lo digital, se va imponiendo en el mercado y va absorbiendo cada vez mayor porción de ese mercado, por las facilidades de la moneda digital, ya que el efectivo (billetes y monedas), incluyendo el cheque, tiene costos significativos y riesgos de traslado.

2.2. LA MONEDA DIGITAL

Las monedas digitales, puestas en circulación en cada país, son la versión electrónica del dinero tradicional; lo cual permite imprimir o poner a circular su propio dinero en formato digital o electrónico, sin necesidad de estar imprimiendo billetes de papel o monedas metálicas, que tienen un alto costo de impresión y circulación.

---

[110] Desaparecido del mercado por la tecnología digital

Las aplicaciones que sirven de medios de pago, como las de punto a punto, que permiten a los usuarios transferir dinero fácilmente. El uso de las soluciones P2P[111] ha ampliado el comercio electrónico y ahora los clientes pueden utilizarlas para pagar su compraventa, atender compromisos de deuda o hacer sus operaciones en línea.

2.3. PAGOS BIOMÉTRICOS

El sistema de pago biométrico es uno de los medios de pago que se incorpora a los otros medios de pagos, que permiten verificar la información del usuario, ya sea a través de huellas dactilares, rasgos faciales u oculares; a través de dispositivos inteligente que verifican identidad, reconocimiento biométrico, o hardware para capturar imagen u otros datos del usuario.

2.4. MEDIOS DE PAGO EN LÍNEA

Los medios de pago online son aquellos en los que el pago se realiza en el mismo momento en el que se lleva a cabo la transacción, a través de un sistema de pago electrónico. El acceso de la población a la red internet, ha multiplicado, el volumen de transacciones digitales, que hoy es parte de la cotidianidad.
Los medios de pagos digitales, más utilizados son:

- Monedas virtuales:
- La moneda digital, es dinero virtual, las transacciones que se realizan con ellas, son vía electrónica, su característica principal es tener la posibilidad de realizar transferencias, sin que exista un intermediario.
- Las diferencias, entre una moneda digital y una criptomoneda, es que la primera es respaldada por los bancos, y la segunda es parte de un mecanismo privado, con control a través de la blockchain, ambas cubiertas por la criptografía[112].
- En términos de seguridad, la moneda digital, la respalda el estado que permite que se ponga en circulación y la banca le da su respaldo institucional y garantizan la disposición de fondos. En cuanto a las criptomonedas, están basadas en las cadenas de bloques, (blockchain), lo que hace que funcione como un libro contable digital, cuenta con un monedero virtual (*wallets*).

---

[111] Una red *peer-to-peer*, red de pares, red entre iguales o red entre pares (P2P, por sus siglas en inglés) es una red de ordenadores en la que todos o algunos aspectos funcionan sin clientes ni servidores fijos, sino una serie de nodos que se comportan como iguales entre sí

[112] Luis Hernández Encinas (2016). La criptografía

2.5. Pagos virtuales:

Los pagos virtuales, permiten realizar compras y pagos por internet en establecimientos, sin necesidad de tener la tarjeta en físico. Desde el teléfono móvil, siendo una de las formas de pago más rápidas y cómodas. Puede ser a través de apps y plataformas como: Google Pay, Apple Pay, Samsung Pay o acercando el smartphone a una TPV (Terminal Punto de Venta), en los negocios que tengan este sistema de pago habilitado.

La tecnología ha avanzado tanto, que tenemos sistemas o medios de pago diversos, entre ellos:

- NFC (Contactless): Los pagos por aproximación con el móvil
- Reconocimiento facial: Sin nada, solo tu rostro y foto actualizada en tu cuenta y el local un escáner, lo cual genera algunas dificultades.
- Dactilar, poniendo tu huella

Entre otros medios de pago tenemos, la conocida orden de pago, sobre ella veamos lo que señala Manuel E. Cifuentes Muñoz[113] (2000) sobre la Orden de Pago, el artículo 4 A del Código de Comercio Uniforme de los Estados Unidos, define orden de pago así: Una instrucción que da el banco originador (sender) al banco receptor (receiving), transmitida oralmente, electrónicamente, o por escrito, en el sentido de pagar, o de causar que otro pague, una suma fija o determinable de dinero a un beneficiario, siempre y cuando:

- La instrucción no establezca una condición de pago al beneficiario, diferente al plazo para el pago,
- Que el banco receptor sea reembolsado por medio de la debitación de la cuenta, o de cualquier otra manera, recibiendo un pago del banco originador, y
- Que la instrucción sea transmitida por el banco originador directamente hacia el banco receptor, a su agente, a un sistema de transferencia de fondos, o a un sistema de comunicación para la subsiguiente transmisión al banco receptor.

La definición de orden de pago encuentra un complemento necesario en la definición de «Transferencia Electrónica de Fondos» («Electronic Funds Transfer Systems» - EFTS), entendidas por la regulación E del Sistema de la Reserva Federal de los Estados Unidos como las operaciones, cuya finalidad o efecto consiste en la transferencia de fondos de un patrimonio a otro, sin el movimiento efectivo de dinero, ni las formalidades tradicionales, sino mediante instrucciones electrónicas impartidas y ejecutadas.

Las leyes federales se aplican por igual a todos los Estados, la ley estatal es aplicable únicamente a los asuntos que ocurren en esa jurisdicción del Estado. En general, este sistema funciona bien, pero cada Estado debe y ha promulgado una versión del Código de Comercio Uniforme (UCC), de manera que haya una uniformidad considerable entre las leyes estatales.

---

[113] Manuel E. Cifuentes Muñoz, (2000). Una Mirada Introductoria al Mundo de la Banca Electrónica

Al comentar la función fundamental de la banca contemporánea en un mundo informatizado, Cifuentes Muñoz[114] (2000), citando a. Bhala, Raj, señala... «que la banca ante todo tiene un papel de facilitación del comercio electrónico, lo que cumple a través de dos actividades genéricas, como son procesamiento de información relevante para una transacción financiera y la movilización efectiva de dinero o recursos. Un sistema de pagos ideal se debe caracterizar por un alto grado de certeza o confidencialidad; de eficiencia o agilidad; y de justicia o equidad. Se espera que permita la circulación de grandes cantidades de dinero, a un costo bajo razonable, en altas condiciones de seguridad, con el respeto de los derechos de las partes en una operación».

2.6. LA TARJETA DE DEBITO Y CRÉDITO

Las tarjetas de débito y crédito, con su sistema de coordenadas, buscan utilizar una herramienta de seguridad adicional al PIN o clave de seguridad bancaria, requerida para realizar operaciones que impliquen movimiento de fondos o contratación de productos y servicios, a través de servicios a distancia. Son tarjetas impresas de carácter secreto e intransferible, única para cada cliente, integrada por un conjunto de dígitos alfanuméricos denominados coordenadas, que se disponen de forma horizontal y vertical, que, al combinarlos aleatoriamente, permiten autenticar al usuario para realizar operaciones con su tarjeta. Las principales tarjetas que se usan son:

a) Tarjetas de Débito:
Las tarjetas de débito están asociadas a una cuenta bancaria de ahorro o corriente. Permiten retirar efectivo y realizar compras al momento, con el dinero disponible en cuenta

b) Tarjetas de Crédito:
Las tarjetas de crédito, por el contrario, permiten realizar compras, con un límite preaprobado de crédito por parte del banco emisor.

c) La tarjeta de prepago
Es una tarjeta con provisión de fondos, conocidas como tarjetas monederas o billeteras, funcionan como cualquier otro tipo de tarjetas, sólo que éstas no están asociadas a ninguna cuenta bancaria del usuario.

d) La tarjeta de comercio
Son aquellas tarjetas asociadas a una membresía, pero son emitidas por entidades que están interesadas en que realices compras en su propio negocio. Te facilitan el pago de contado, a fin de cada mes con recargo o cuotas de pago sin interés. Es similar a una tarjeta de crédito, ya que debes cubrir las compras que realices

---

[114] Manuel E. Cifuentes Muñoz, Una Mirada Introductoria al Mundo de la Banca Electrónica. Pàg.50. Publicado 2000

2.7. Los Cheques

Este fue el instrumento pago tradicional, hoy invadido por la tecnología digital, quedando solo para operaciones muy particulares y con provisión de fondos, como los conocidos cheques de gerencia.

2.8. Transferencias.

Las transferencias, con su ejecución a través de procesos tecnológicos, vino a sustituir al cheque. La transferencia es una operación por la cual, un cliente de una institución financiera transfiere fondos digitalmente a otra persona. También se le llama transferencia, a la operación que una persona física o jurídica (el ordenante) da instrucciones a su entidad bancaria para que, con cargo a una cuenta, envíe una determinada cantidad de dinero a la cuenta de otra persona (el beneficiario de la transferencia) en la misma o en otra entidad bancaria.

2.9. Otros Medios de Pago

Entre otros medios de pago que hay en el mercado, tenemos la domiciliación de pago, la llamada Letra de Cambio, los llamados Pagos Contra Reembolso y el Código QR, que sirve para identificar

3. LOS MEDIOS DE PAGO LOCALES

Muchos países por situaciones políticas económicas o por verse afectados en el comercio internacional, utilizan un sistema de pago local, que tienen ligado, mayormente a su moneda, pero utilizando los mismos mecanismos de medios de pagos tradicionales y digitales que funcionan en el mercado internacional. No es una categoría de pagos alternativos, sino unas limitaciones internas del uso de sus medios de pago, por situaciones comentadas.
En el mercado hay innumerables medios de pagos en línea, que provee la banca digital y las empresas de tecnología a los clientes, para operaciones de comercio electrónico y de transferencias locales e internacionales. Estas actividades financieras, amparadas en la tecnología, son favorables a los negocios, los clientes y las instituciones financieras, por lo eficaz, inmediato y seguridad de la transacción.

4. CONCEPTO DE MEDIOS DE PAGO INTERNACIONALES

Esta opción de pago en el comercio internacional es conocida como crédito documentario, ya que el envío del dinero está vinculado a la entrega de la mercancía, no a la documentación correspondiente, de manera que se pueden realizar antes o después de recibirla. Las instituciones financieras juegan papel importante en esta negociación, como intermediarias del importador y exportador, son parte de las conocidas cartas de crédito.

5. ASPECTOS DE LOS MEDIOS DE PAGO INTERNACIONALES:

a) Orden de pago documentaria: El comprador da la orden a su banco para que realice la transferencia al vendedor, cuando reciba los documentos y este envíe la mercancía, se trata de un medio de pago internacional revocable.
b) Remesa documentaria: El vendedor entrega a su banco la factura, recibo o letra junto a la documentación de la mercancía tras la venta, para que la entregue al comprador contra el pago del importe o la aceptación de los efectos cambiarios.
c) Obligación de pago bancaria: Conocida como BPO, es un procedimiento automatizado que supone un compromiso de pago irrevocable, entre las entidades bancarias del comprador y el vendedor. El pago se ejecuta en la fecha fijada en el contrato, cuando se ha presentado la documentación electrónica que demuestra que se han cumplido las condiciones.

6. BILLETERA DIGITAL (ewallet):

Las billeteras digitales y móviles, tienen invadido los medios de pagos en el comercio electrónico global, compitiendo con el monedero electrónico en el medio de pago en línea. Estas billeteras de pago digital, facilitan el proceso de pago, que sea rápido y seguro. La billetera digital, conocida en el mercado como ewallet, es un ambiente seguro donde, donde se puede almacenar datos bancarios y/o de tarjeta de crédito.

CAPÍTULO XIV

LA BANCA TRADICIONAL Y LA BANCA DIGITAL

> «Si crees que puedes, ya estás
> a medio camino»
> Theodore Roosevelt

1. LA BANCA TRADICIONAL

Los comentarios, sobre las diferencias en la banca tradicional y la banca digital, son los mismos que haríamos para las empresas de seguros o del mercado de capitales, dado que todas estas instituciones se apoyan en la tecnología digital en la interrelación con sus clientes. La Banca, las empresas de seguros y las del mercado de capitales, sus actividades o servicios son los mismos, solo que ahora se apoyan en la tecnología digital.

Las operaciones autorizadas a la banca, por su ordenamiento jurídico, son:

- Recibir depósitos
- Otorgar créditos
- Prestar servicios financieros
- Realizar operaciones de confianza
- Todas aquellas previstas en su objeto social

Los clientes de la banca pueden interactuar en las operaciones antes señaladas, verificar saldos y estados de cuenta, pagar servicios como luz, teléfono, impuestos, transferir fondos, realizar inversiones, depositar a la vista, ahorro y a plazo. Esto siempre lo han hecho, la diferencia es que ahora con la tecnología digital, estos procesos los pueden realizar los clientes directamente, sin contactar al personal del banco ni desplazarse a las oficinas.

2. BANCA ELECTRÓNICA

Esta calificación de banca electrónica surge de la forma electrónica que utiliza la institución en sus operaciones con sus clientes. La banca electrónica, es aquella donde se presta de servicios financieros en línea. Con una cuenta bancaria electrónica, se realizan las mismas operaciones y transacciones que con la cuenta tradicional, la diferencia con los medios electrónicos es que con estos, no necesitas desplazarse, pueden verificar sus cuentas, tramitar créditos, realizar pagos, hacer compras en línea, ya sea mediante transacciones directas al comercio o débito automático.

3. DIFERENCIAS ENTRE CUENTA DIGITAL Y TRADICIONAL

Las principales diferencias entre las cuentas digitales y las cuenta llamadas tradicionales, son: Tiempo, disposición, presencia, contacto y relación, los hace muy diferentes, aunque en el fondo sea lo mismo; tal es así:

a. Las facilidades que dan las cuentas digitales, como aperturar cuenta, desde el celular o computador, realizar pagos, transferencias y gestionar transferencias de dinero, sin moverse de casa u oficina, y sin imprimir un solo papel, es la principal diferencia con la cuenta tradicional, que todo es manual y desde el banco.
b. Tanta gente no bancarizada, en las zonas rurales, y los que movilizan sus fondos en efectivo, para no dejar rastro, son sobre todo clientes de la banca tradicional; la cual mantendrá este tipo de cuentas.

Suponemos, que la banca buscará coordinar estos dos tipos de cuentas, desplazando los clientes tradicionales a la tecnología digital, sin que se den cuenta, para ellos, será solo una conexión interna de cuentas de un mismo usuario.

4. VENTAJAS DE LA BANCA DIGITAL:

Ahorro de tiempo:
El tiempo que se toma realizar cualquier transacción, inclusive aperturar la cuenta, en la digital es casi inmediato y en la tradicional es mucho tiempo por papeleo y traslado.

Reducción de Costos:
La apertura y mantenimiento de una cuenta digital, es en poco tiempo y sin necesidad de desplazarse y su documentación e información es electrónica. Estas facilidades representan un ahorro sustancial de costos, tanto para la institución financiera como para el cliente. En caso de aperturar y mantener una cuenta tradicional o física, se requiere papel, libretas o chequera, documentos y contratos que se deben firmar, estados de cuenta, desplazarse hasta la oficina y ser atendido por un personal, todas estas cosas tienen un abultado costo.

Privacidad:
En la cuenta digital el usuario realiza el proceso de manera individual, sin contacto con el personal, cuando lo desee, de manera rápida, sencilla y sin tiempo de espera para ser atendido. En la cuenta tradicional, la personalización te expone a la vista del personal y observan directamente tu posición financiera.

Individualización:
Con la cuenta digital, el usuario realiza todo el proceso, a través de los medio o canales virtuales. En la cuenta tradicional, te atiende un asesor del banco, quien realiza el proceso de la solicitud y atiende las dudas del cliente, dentro de los horarios de servicios

Disponibilidad y movilidad:
La apertura o uso de una cuenta digital, permite a los usuarios realizar actividades todo el tiempo, desde cualquier lugar, por los canales digitales que tiene a disposición. Para aperturar o movilizar una cuenta tradicional, el cliente debe asistir de manera presencial al banco y en el horario de la institución.

La apertura de una cuenta digital permite realizar todas las operaciones y transacciones que se pueden hacer con una cuenta tradicional, con la diferencia de las múltiples ventajas de la digitalización:

    a. Compras en Línea
    b. Hacer y recibir transferencias
    c. Atender directamente o domiciliado los pagos de servicios
    d. Consultar saldos y movimientos, estados de cuenta
    e. . Realizar depósitos y transacciones desde sus equipos app móvil.

5. DIFERENCIAS ENTRE BANCA TRADICIONAL Y DIGITAL

Estas diferencias, entre la banca digital y la tradicional son solo de medios, ya que la banca es una sola, solo que algunas instituciones financieras, no se han adecuado a estos cambios por sus razones particulares, pero la mayoría está usando la nueva tecnología digital. La principal diferencia entre la banca tradicional y la digital es que en la banca tradicional hay movilidad, que en la digital no se requiere y en la tradicional hay que desplazarse, con todos los inconvenientes que esto acarrea, sin comentar lo organizativo y el impacto financiero por costos.
Veamos algunas de estas diferencias:

    a. Con la banca digital, hay aumento de Oferta de Servicios en el Mercado por las facilidades de internet, que ha generado un incremento de la bancarización y desplazamiento de clientes, tanto por los servicios de la banca como los accesos a las empresas de servicios tecnológicos.
    b. Banca tradicional apuesta al cliente, que utiliza efectivo, libretas y se desplaza hasta las oficinas y cajeros. El cliente de la banca digital tiene autonomía y movilidad en sus operaciones y consultas.
    c. El cliente online, tiene disponibilidad e inmediatez, ya que es su decisión actuar cuando disponga, porque cuenta con soporte digital.
    d. El cliente tradicional, se ve comprometido en tiempo y espacio, al buscar personalización y atención en las oficinas bancarias.

6. Ventajas de la Banca Digital:

Las ventajas comparativas de la banca digital, es la tecnología que emplea; lo cual da comodidad, rapidez y facilidad de la gestión al cliente. La banca que llamamos tradicional es aquella, que no se ha adaptado a estos cambios tecnológicos, manteniendo la personalización del cliente.
La banca digital o neobanca ofrece a su clientela opciones expeditas en el manejo y control de sus operaciones, servicios, así como en los tramites que deba realizar:

- Financiamiento más expedito.
- Consultar movimientos de la cuenta.
- La principal ventaja, es la tecnología (fintech), que usa la banca digital o neobanca; las cuales podemos resumir en:
- Trámites a través de Internet.
- Transparencia.
- Horario Abierto:
- Costo del servicio

7. EVOLUCIÓN DE LA TECNOLOGÍA DIGITAL:

El avance de la tecnología digital ha impactado todo el tejido social, con las interacciones digitales a través internet, correos y otros medios de conexión de la banca digital y la clientela. Todos estos procesos evolutivos, llevan tiempo, por la resistencia al cambio, por lo tanto, en ese proceso, las instituciones financieras digitalizaran todas sus operaciones, mientras los clientes tradicionales se van adaptando o los arrastra la evolución tecnológica.

8. LOS MEDIOS DE PAGO DIGITALES

Antes de entrar a considerar, como operan los instrumentos digitales que operan como medio de pago, tratemos de definir este concepto. Los medios de pago digitales son aquellos instrumentos aceptados por el mercado, que nos permiten realizar actividad comercial y financiera, a través de cambios, inversiones, compraventa de productos, servicios de todo tipo, así como atender compromisos financieros. Estos pagos, los podemos realizar con dinero efectivo, o digital, un instrumento, como una tarjeta de crédito o débito, que permite comprar algo o pagar una deuda. El dinero, de hecho, sirve como medio de pago, medio de cambio y como forma de ahorro. En las últimas décadas, se ha institucionalizado algunos instrumentos considerados como medios de pago, como las llamadas criptomonedas, que aprovechan la proliferación de Internet, como medio de difusión.

8.1. TRANSFERENCIAS Y REMESAS:

Las transferencias en el sistema financiero son los montos transferidos electrónicamente de una persona o entidad a otra, a través de sus cuentas, lo que no excluye otra modalidad de transferencia. En estos movimientos de transferencia, entre cuentas, hay un emisor, que es el que gira los fondos y un destinatario, que es el receptor de los fondos transferidos y las instituciones financieras que por su plataforma se realizan las transferencias. Ahora con la nueva tecnología, estas transferencias pueden ser inmediatas. Quien no esté adaptado a la tecnología, recibirá información por correo, teléfono u online para que se dirija a la institución recetora de los fondos y los pueda retirar o si usa un mecanismo de cuentas, con provisión de fondos, que es inmediato

8.2. TRANSFERENCIAS INSTITUCIONALES:

Los sistemas de transferencia electrónica de los bancos centrales, como el sistema FedWire de la Reserva Federal en los Estados Unidos, tienden a ser sistemas de liquidación bruta en tiempo real (LBTR). Los Sistemas LBTR proporcionan la disponibilidad más rápida de los fondos, ya que proporcionan inmediatez «en tiempo real» y liquidación final «irrevocable» mediante la publicación de la entrada completa frente a las cuentas electrónicas del operador de sistemas de transferencia electrónica. Otro Sistema de Pagos Interbancarios de la Cámara de Compensación[115] (CHIPS), es la cámara de compensación líder en los EE. UU. Para grandes transacciones bancarias. CHIPS y el servicio de fondos FedWire se combinan para utilizar el Banco de la Reserva Federal para crear la red principal de EE. UU. Para grandes transacciones nacionales y extranjeras denominadas en dólares estadounidenses.

El código IBAN, es el código de identificación del número de cuenta. El código BIC o SWIFT, entretanto, es el correspondiente a entidades y sucursales. Estos son códigos bancarios para realizar transferencias internacionales.

8.3. Transferencias al por menor:

Las transferencias o remesas pequeñas dirigidas a volumen de personas, las hacen las empresas de servicios de remesas, entre las de mayor volumen de transferencias electrónicas, ejemplo Western Unión, que permite a los individuos transferir o recibir dinero sin una cuenta con Western Unión o cualquier institución financiera.

---

[115] https://es.wikipedia.org/wiki/Transferencia_bancaria

8.4. Regulación de Transferencias

La Unión Europea y Los Estados Unidos en occidente, son los que movilizan los mayores montos por transferencias en el mundo financiero: Desde 2009, el Reglamento de la Unión Europea N.º 924/2009, es el mecanismo de control de los pagos transfronterizos en la Unión Europea. La nueva regulación establece que una transferencia IBAN/BIC dentro de los Zona Única de Pagos en Euros (SEPA) no puede costar más que una transferencia nacional, no importa qué moneda se utiliza. El banco receptor puede cobrar por el intercambio de moneda local.
En Estados Unidos, las transferencias electrónicas nacionales se rigen por el Reglamento Federal J5 y por el Código Uniforme de Comercio 6
En Latinoamérica, cada país fija tasas por este servicio de transferencia sean locales o internacionales

China en su sistema de pago, la banca tiene un Código de doce (12) dígitos que identifica a los bancos, y tiene, a su vez, en dos (2) subsistemas: El CNAPS-HVPS: High-Value Payment Sistems, que cubre unas 800 ciudades y el CNAPS-BEPS: Bulk-Entry Payment Sistems, dirigido a pagos globales. Asimismo, tienen el CIPS, semejante al SWIFT para empresas. El Banco Popular de China (BPC) es el banco central, el cual formula e implementa la política monetaria. El BPC mantiene el pago del sector bancario, el sistema de compensaciones (clearing) y sistemas de cancelación de deudas y administra las reservas de oro y divisas.

Rusia, tiene su sistema de pago, el SPFS - Rusia (Bank of Russia's system for transfer of financial messages), que es equivalente al sistema SWIFT. Rusia tiene otras alternativas recientes de pagos, con países competidores del dólar, a través de los llamados BRICS.

6. VENTAJAS DE LOS MEDIOS DE PAGO DIGITALES:

- AUMENTA VOLUMEN DE COMPRAS

Al poder procesar sus operaciones electrónicas en línea, se facilitan muchas cosas, para la institución que presta el servicio; el negocio que expone sus productos o servicios y el cliente que habilita sus medios de pagos de contado o a crédito.

Factores que influyen en las decisiones de compra en línea[116], son entre otros los siguientes:

      a) Los Descuentos
      b) Ofertas
      c) Promociones
      d) Productos de calidad
      e) Relación calidad precio

---

[116] De la consultora marketing sugiriendo (2013)

CUBRIR MAYOR MERCADO:

Los medios de pago digitales, que circulan en el mercado son diversos y todos disponen de tecnología en línea; lo cual permite que un mayor número de personas o negocios usen estos medios de pagos, por sus facilidades y ventajas que provee al entorno. Cualquiera que sea el medio de pago, alternativo o la región, la tecnología hará las cosas más fáciles:

POSICIONAR MARCA.

Las facilidades que ofrecen los negocios a los clientes al disponer de sus fondos o créditos o al pagar sus compras, posiciona la marca. Para el cliente debe ser transparente, pagar con cualquier medio de pago local o internacional, sea débito o crédito, lo cual genera confianza en el dispositivo de pago que dispone.

ALTERNATIVAS DE PAGO.

El proveedor de servicios sea institución financiera, negocio o tienda debe ofrecer al cliente alternativas de pago, que incluyan ventajas competitivas; lo cual impactara los resultados de gestión del negocio.

OPERACIONES DIGITALES

Las operaciones digitales, son las mismas que la tradicional, tanto en las operaciones activas, propias de la institución, como las pasivas, en su relación con sus depositantes y las otras operaciones de confianza, en representación o actuación en nombre de terceros. Veamos las principales operaciones o cuentas que realizan los clientes de las instituciones financieras, sean banco, seguro o bolsa:

CONTRATAR CUENTAS Y OTROS PRODUCTOS

Las personas hábiles para contratar pueden abrir cuentas digitales[117], el software de firma crea un hash unidireccional de los datos electrónicos que se deben firmar, suministrando información que será evaluada por la institución financiera, tales como pasaporte u otro documento que lo identifique, domicilio, estado civil y origen de fondos,

PAGOS ELECTRÓNICOS Y TRANSFERENCIAS.

Las personas que aperturen cuentas electrónicas, pueden depositar y movilizar sus fondos utilizando los instrumentos o mecanismo que les habilite la institución financiera, como pagos electrónicos y transferencias:

CONSULTAR CUENTA, SALDO Y MOVIMIENTOS DE CUENTA.

Las personas que tienen cuentas abiertas u otros productos en las instituciones financieras, además de recibir sus estados de cuenta, pueden consultar el saldo de sus cuentas y verificar los movimientos que haya realizado o que le hayan transferido.

---

[117] El hashing es un medio criptográfico que transforma registros de datos y caracteres de cualquier longitud en valores hash compactos y fijos. Ofrece más seguridad que el cifrado, ya que los valores hash no pueden volver a convertirse en valores originales sin una clave

AUTORIZAR PAGOS
Las personas que tengan cuentas electrónicas pueden domiciliar pagos de seguros, impuestos y servicios domésticos; así como realizar inversiones, instruir para que le carguen cuotas de préstamos o cargos a su tarjeta de crédito, cuenta u otro instrumento.

REMESAS DE DINERO
Adicional a las operaciones activas y pasivas, que pueden realizar las instituciones financieras, tenemos algunos servicios y actividades especiales, como prestar servicios de envío y recepción de remesas de dinero de manera directa o en coordinación con empresas especializadas en estos temas.

OTRAS OPERACIONES
Cualquier otro servicio u operación pueden realizarse por estas cuentas, incluyendo inversiones programadas y juegos, pueden ser activados, apoyándose en la tecnología digital que manejan las instituciones financieras. El aporte de la tecnología digital, a las actividades financieras ha sido espectacular, logrando bancarizar y facilitar servicios financieros a una buena porción del mercado

CAPÍTULO XV

LAS CRIPTOMONEDAS

> La nueva fuente de poder, no es el dinero en manos de pocos, sino la información en manos de muchos.
> John Naisbitt

1. CONCEPTO DE CRIPTOMONEDA

Podemos señalar que las criptomonedas, son un medio digital de intercambio, que utiliza criptografía para asegurar las transacciones, controlar la creación de unidades adicionales y verificar la transferencia de activos usando tecnologías de registro distribuido (Blockchain).

Las criptomonedas, como medios de pago, no cuentan con el respaldo de un Banco Central u otra autoridad pública, ni garantías específicas. Así como tampoco, están cubiertas por mecanismos de protección al cliente, fondos de garantía de depósitos o de Inversores o seguros. Las Criptomonedas, son uno de muchos tipos de Criptoactivos que existen en el mercado, es una categoría de lo que se conoce como activo digital; el cual es considerado como algo que existe, en un formato binario y viene con su respectivo derecho de uso. Un activo digital, puede ser un documento digitalizado o un archivo multimedia (texto, audio, vídeo, imagen) en circulación o almacenado en algún dispositivo digital.

Dentro del concepto de criptoactivos, están las criptomonedas[118], que son utilizadas como medio de pago en determinadas transacciones; las cuales utilizan una tecnología, llamada cifrado de clave pública y privada. Esto permite que sean confiables sin necesidad de terceros. Blockchain o «cadena de bloques» es una base de datos distribuida, construida mediante la incorporación sucesiva de bloques enlazados, y que se replican en todos los ordenadores o nodos que participan en la red. Al tener todos los participantes la misma información, muy difícil alterarla, sin el consenso de la red; lo cual da márgenes de seguridad al tener apoyo de la criptografía, para la validación de las transacciones.

---

[118] utiliza una tecnología llamada cifrado de clave pública y privada. Esto permite que sean confiables sin necesidad de terceros; así, dos personas que no se conocen pueden realizar transacciones mutuas sin la actuación de un "intermediario de confianza"

La creación del concepto[119] criptomoneda, «ha causado un gran impacto tanto, desde el punto de vista comunicacional como comercial, debido a varias técnicas de mercadeo que han utilizado» La presentan sus promotores[120] como un medio de pago más económico, incluso por debajo del SWIFT, la tarjeta de crédito; es una muestra más del carácter fungible del dinero en general; es discreto, asertivo, e instantáneo; es impersonal e individual; es cuantificable y puede ser convertible; y preserva lo que todo tipo de dinero tiene y es el de ser un símbolo. No obstante, este medio de pago tiene algunas desventajas:

- Cierto grado de desconfianza por su novedad
- Errores del software
- Virus informáticos
- El papel de los keyloggers y la posibilidad de capturar contraseñas
- Menoscabo en la confianza del protocolo P2P (*Peer to Peer*), ser un medio de actividades financieras ilícitas, entre otras.

Desde un punto de vista más cercano a la economía política, es un espacio de confrontación de agentes con competencia para lograr el dominio del mundo de las finanzas en particular y la economía en general. Esto queda demostrado, con el surgimiento de movimientos que respaldan a las criptomonedas y quienes lo adversan. En el primer grupo se encuentra, entre otros: El anarcocapitalismo[121] y el Algoritmo[122] Las criptomonedas, por ser un medio de pago encriptado, deberían estar sujetas a alguna de las hipótesis, que describen el comportamiento del dinero en la teoría monetaria

2. CLASIFICACIÓN DE LOS CRIPTOACTIVOS.

En el mercado operan dos (2) tipos de criptoactivos: Las criptomonedas y los tokens fungibles y no fungibles. Criptomonedas o tokens transaccionales. Representan una moneda digital o unidad de intercambio de bienes

---

[119] Bitcoin y la teoría monetaria de Friedman y Mises. Armando José Urdaneta Montiel; Yanary Emelina Carvallo Monsalve y Emmanuel Victorio Borgucci Garcia. Evidencias estadísticas Revista de Ciencias Sociales (Ve), vol. XXVI, núm. 4, pp. 246-259, 2020 Universidad del Zulia

[120] Navalpotro, et al., 2003; Simmel, 2004; Olivo 2011

[121] Los anarcocapitalistas apoyan irrestrictamente la honesta propiedad privada de los medios de producción y la libertad de gestionarlos, sin interferencia

[122] El algoritmo, defiende la consecución de una sociedad anarquista a través de la masificación de la economía informal: la «contraeconomía». Esta masificación deberá conducir al desarrollo de un sector privado con la fuerza defensiva suficiente para protegerse del Estado y abolirlo

3. LAS STABLECOINS

Las *stablecoins*, son un tipo de criptomonedas que buscan mantener un valor estable y evitar la volatilidad, que caracteriza a otras criptomonedas. Para ello, se vinculan al valor de otro activo, que puede ser una moneda fíat o fiduciaria, una materia prima u otra criptomoneda. El objetivo de las *stablecoins*, es ofrecer los beneficios de las criptomonedas, como la rapidez, la seguridad y la descentralización, sin renunciar a la estabilidad de los activos tradicionales. La primera *stablecoin* fue Tether[123] USD (USDT), que se lanzó en el año 2014. Algunas de las *stablecoins* más populares hoy, son Tether, USDC, DAI y PAX.

El respaldo de las *stablecoins*, se logra utilizando un mecanismo que garantiza que estas criptomonedas, mantengan un valor estable y equivalente a otro activo determinado. Algunas de las formas más comunes de respaldo son las siguientes:

- Respaldo por monedas fiduciarias
- Respaldo por criptomonedas
- Respaldo algorítmico

Comenta Bianco[124] (2023) «que cuando se trata de la seguridad de las *stablecoins*, convergen múltiples factores que determinan el nivel de confianza de un inversor en un activo concreto. Si bien la función principal de una *stablecoin*, es mantener un valor estable, los mecanismos a través de los cuales logra esta estabilidad deben ser transparentes, seguros y fiables».

---

[123] Fundada por empresario Reeve Collins, el inversor de bitcoin Brock Pierce y el desarrollador Craig Steelers. Es administrado por un consorcio llamado Centre, que fue fundado por Circle e incluye miembros del intercambio de criptomonedas Coinbase y la compañía minera Bitcoin Bitmain, un inversionista en Circle. Wikipedia

[124] Antony Bianco, cofundador de Datawallet, es experto en DeFi y miembro activo de las comunidades Ethereum y Zero Knowledge Proof. Con un máster en Informática, su profundo conocimiento de las tecnologías blockchain ha contribuido significativamente a este campo

4. INVERSORES EN CRIPTOACTIVOS

Los inversores en estas criptodivisas, están en constantes cambios, por las variantes del mercado; por lo cual los inversores se refugian en algunas *stablecoins* (USDC, USDT y DAI)[125], que ofrecen un refugio, relativamente menos riesgoso o inestable. Todo negocio está sujeto a riesgos, el objetivo es tratar de evitarlo. Es recordado, el caso de Terra (LUNA), una *stablecoins*, en la plataforma cripto que se vio impactada por la baja de su cotización en el mercado[126] por utiliza un mecanismo de estabilidad llamado **seigniorage shares**[127].

Factores que pueden generar una caída de cualquier instrumento financiero y particularmente las criptomonedas:

1. Caída generalizada de los precios de las criptomonedas.
2. Falta de liquidez en los mercados
3. Sobrevaloración
4. Falta de transparencia y control.

Algunas empresas que han adoptado o impulsado las *stablecoins*:

- MoneyGram: Esta empresa de remesas anunció una asociación con la Stellar Development Foundation
- MasterCard: Esta empresa de servicios financieros anunció que planea ofrecer soporte para algunas *stablecoins* seleccionadas en su red.
- Binance: Este es uno de los exchanges de criptomonedas más grandes y populares del mundo

---

[125] Dennis Rojas en su Curso: CRIPTOMONEDAS PARA NO FINANCIEROS; explica como estas criptos (de las cadenas Stellar, Tether y Ethereum) garantizan en cierta manera su valor al respaldar con una reserva de moneda fiduciaria y/u otras criptomonedas fluctuantes (como el Bitcoin) para mantener su relación 1:1.

[126] El mecanismo de Terra (UST), falló y generó la caída de esta *stablecoin* el 11 de mayo de 2022, cuando el precio de UST se desplomó hasta 0.30 dólares, lo que provocó una crisis en el ecosistema de Terra LUNA y en el mercado de las criptomonedas en general

[127] En lugar de estar respaldada por una reserva de moneda fiduciaria, su valor se mantenía estable mediante la emisión y quema de tokens (LUNA) en función de la demanda y la oferta.

CAPÍTULO XVI

INTERNET

> Las herramientas tecnológicas, tienen
> como limitante, la capacidad
> de sus creadores
> Atilio Rojas

1. NAVEGAR POR INTERNET

Internet, surge por el año 1962, cuando el ARPA[128] creó un programa de investigación computacional, bajo la dirección de John Licklider, un científico del MIT (Massachusetts Institute of Technology). En 1967 ya había bastante investigación, para que ARPA publicara, el plan para crear la red de ordenadores, denominada ARPANET. Uno de los creadores clave de ARPANET, fue Vinton Cerf, quien es a menudo referido como «el padre de Internet». Junto con Robert Kahn, Cerf desarrolló el Protocolo de Control de Transmisión/Protocolo de Internet (TCP/IP), que permite la comunicación entre redes diferentes

Cuanto ha cambiado el Internet, con la invención de la World Wide Web por Tim Berners-Lee[129] en 1989. La World Wide Web, permitió la creación de páginas web y navegadores, lo que hizo que Internet fuera mucho más fácil de usar y accesible para el público en general. Berners-Lee, también inventó el lenguaje HTML, que se utiliza para crear páginas web, y el protocolo HTTP, que es la base de la transferencia de datos en la web.

El término Internet, se utiliza para hacer referencia a una red de computadoras interconectadas entre sí, a nivel mundial con el objetivo de hacer común información de acceso público. Esta red utiliza un lenguaje en común para la comunicación entre los dispositivos

---

[128] En 1958 los EEUU fundaron la Advanced Researches Projects Agency (ARPA) a través del Ministerio de Defensa. El ARPA estaba formado por unos 200 científicos de alto nivel y tenía un gran presupuesto

[129] Timothy "Tim" John Berners-Lee (Londres, Inglaterra; 8 de junio de 1955) es un científico de la computación británico, conocido por ser el padre de la World Wide Web. Estableció la primera comunicación entre un cliente y un servidor usando el protocolo HTTP en diciembre de 1990. En octubre de 1994 fundó el Consorcio de la World Wide Web (W3C) con sede en el MIT, para supervisar y estandarizar el desarrollo de las tecnologías sobre las que se fundamenta la Web y que permiten el funcionamiento de Internet. Cita Wikipedia

2. LA RED DE INTERNET

Internet[130], «es una red integrada por miles de redes y computadoras interconectadas, en todo el mundo mediante cables y señales de telecomunicaciones, que utilizan una tecnología común para la transferencia de datos. El protocolo de comunicaciones, que utiliza Internet se denomina TCP/IP (Transmission Control Protocol/Internet Protocol)»

El Internet de las cosas, abarca objetos que incluyen sensores, software y capacidad de procesamiento; para intercambiar datos con otros objetos, dispositivos y sistemas por medio de Internet y otras redes de comunicación. El Internet de las Cosas, abarca también disciplinas como la telemetría, el geo posicionamiento, Business Intelligence, Machine Learning, entre otros.

Comenta, Carlos Jiménez (2018) sobre la tecnología Digital[131], «La exposición a los medios electrónicos, brinda la oportunidad de acceder a información sobre el comportamiento de las audiencias como nunca antes. El ejecutivo de mercadeo puede valerse de un arsenal de herramientas de seguimiento del comportamiento en línea, tanto en sitios de internet como en aplicaciones».

Las nuevas herramientas basadas en la inteligencia artificial y el Big Data han hecho que el mundo del marketing se vuelva cada vez más complejo. En las formas de hacer negocios, es indispensable invertir en nuevas soluciones tecnológicas, que ayuden a las empresas a afrontar tiempos difíciles y convertirlos en una ventaja competitiva.

La red móvil de quinta generación 5G, comenta Viviana Solares[132], «ofrece mayor velocidad en la transmisión de datos. Retrocediendo un poco en el tiempo y analizando el uso y la evolución de esta tecnología, a medida que fue evolucionando la red móvil los usuarios fueron percibiendo menos problemas».

En el último Congreso de Comercio Electrónico[133] el Canal Minorista más importante de Latinoamérica, señalan que un 73% de las ventas serán en línea, a través de teléfonos móviles.

---

[130] Prof. Marco Antonio Zamora Lucio (Preparatoria Informática). Universidad Autónoma del Estado de Hidalgo. México. 2014

[131] Tecnología digital para el mercadeo. Debates IESA, Grandes Proyectos: Sueños Realidades. Carlos Jiménez. Caracas. 2018

[132] Las tecnologías para el comercio electrónico más importantes por Viviana Solares

[133] eRetail Day México

3. CARACTERÍSTICAS DE INTERNET:

Entre las principales características de la Red Internet, están las siguientes:
* Sistema abierto (información las 24 horas del día).
* Es personal
* Acceso con conexión libre
* Automático y móvil
* De carácter público.
* Red universal y descentralizada
* Sin puntos de control a nivel jerárquico.

Sobre el Internet, comenta De la Rosa[134] (2021) que «parece que hablar de Internet, en pleno momento de digitalización puede resultar obsoleto. A pesar de eso, estoy convencido de que la gran mayoría de profesionales y de negocios que lo utilizan mal porque no entendemos las características que tiene Internet».

La publicidad que utilizan en internet es igual a la clásica, en una sola dirección, no es solo poner contenido, hay que conocer el tema publicitario y las ventajas que da este medio de difusión. Es un espacio Digital personal y privado.

4. RED INTERNA BANCARIA

Las instituciones financieras tienen su propia red interna (Intranet), la cual interactúa con las redes de otras instituciones que manejan productos interconectados, como los cajeros, tarjetas y pagos electrónicos Una red interbancaria, también se le llama a la red informática que conecta cajeros automáticos y permite que estos cajeros automáticos puedan interactuar con las tarjetas de otros bancos. Las Redes Interbancarias, son útiles porque las personas pueden acceder a los cajeros automáticos de otros bancos, que son miembros de la red cuando no encuentran ningún cajero automático de su propio banco cerca.

---

[134] Data. Como los datos te ayudaran en tu vida, en tu empresa y transformaran la sociedad. Fernando de la Rosa. Editorial: Arquitectura Viva; Año de edición: 2021

CAPÍTULO XVII

EL MARKETING DIGITAL

> La mejor publicidad es la que hacen
> unos clientes satisfechos
> Philip Kotler

1. CONCEPTO DE MARKETING DIGITAL

Sobre el Marketing comenta Oscar Fuentes[135] (2021), que «consiste en buscar promover y servir mercados. Más concretamente, buscar mediante la investigación de mercados, promover con la comunicación, la publicidad y las RRPP y servir con los canales de distribución y la atención al cliente. Esta filosofía es la que define el marketing en los años 80, hoy, parece perfectamente vigente, así como la filosofía del product manager, solo cambiaría la investigación de mercados por el Big Data y el product marketing por el Design Thinking, prototipado, UX y Leean Startup para que el marketing y el producto viajen a la velocidad del consumidor».

Las estrategias de marketing conocidas en las instituciones tradicionales se han transformado para adaptarse a un medio online, en el que la mediación y el control permiten optimización continua de las acciones y, en consecuencia, resultados favorables

2. LA COMPETENCIA FINANCIERA:

Las instituciones financieras modernas, aceleran su adecuación a la tecnología virtual; a los fines de ponerse o mantenerse al día y poder dar un mejor servicio a sus clientes y relacionados. Comenta, Periáñez Llorente[136] (2020) que «la relación entre la banca y sus clientes ha cambiado debido a la alta penetración de Internet y el uso de dispositivos móviles. Así, la banca moderna se ve en la necesidad de innovar constantemente para seguir siendo competitiva»

---

[135] Oscar Fuentes Fundador de IEBS, la escuela de negocios de la innovación y los emprendedores, anteriormente fundó en 2001 Área de Área de Ventas la primera empresa de distribución de e-learning y formación a través de canales convencionales y alternativos de venta. España

[136] Periáñez Llorente, Luis (2020). Convivencia Y Vigilancia: Cruising Y producción Del Espacio Público»

La competencia en el sistema financiero, entre los factores que participan en el mercado, ha acelerado la inversión y actualización en materia de tecnología en todos los aspectos[137]. En los últimos años esta evolución tecnológica, ha revolucionado a nivel mundial las diferentes áreas del conocimiento y de las actividades humanas, fomentando el surgimiento de nuevas formas de trabajar, aprender, comunicarse y celebrar negocios. Al mismo tiempo ha contribuido a borrar fronteras, disminuir los tiempos y acortar las distancias; siendo esto último, lo más destacable de esta evolución tecnológica.

En esta nueva modalidad de relación, incluida la competencia se debe mantener los elementos fundamentales de cualquier relación licita, como son: Identificar las partes e integridad del documento o mensaje. La ley establece idénticas responsabilidades, tanto civil, patrimonial, penal, administrativa, disciplinaria como fiscal, por actos comunes a los negocios normales previstos en el ordenamiento jurídico

3. TÉCNICAS DE APRENDIZAJE DIGITAL:

El aprendizaje digital, es cualquier tipo de aprendizaje mediado con la ayuda de la tecnología; ya sea mediante contenido digital, plataformas o facilitadores digitales, con un amplio espectro de prácticas, incluido el aprendizaje semipresencial y virtual
Dentro de estas estrategias de aprendizaje, se puede incluir cualquiera de las siguientes tecnologías, tanto para el estudio como parra uso de la clientela:

El Machine Learning[138], facilita la conexión entre los clientes y las empresas o negocios, ayuda a promover los servicios y productos y colabora con los problemas de ciberseguridad, se ha convertido en una herramienta valiosa para el sector financiero, al marketing, la publicidad y redes sociales, la seguridad y las comunicaciones.

Con base a los hábitos y preferencias de compra de los clientes y gracias a la inteligencia artificial que existe hoy, los clientes tienen la facilidad de navegación en las tiendas, que les reduce el camino para llegar a productos de su preferencia, contribución que da machine learning e inteligencia artificial y los siguientes instrumentos tecnológicos:

1. Voice Commerce: Este servicio será imprescindible, ya que cada vez son más los usuarios que se suman a optar por utilizar la voz para múltiples actividades y las compras a través de ellas no quedan atrás.

---

[137] Ley sobre Mensajes de Datos y Firmas Electrónicas, Exposicion de Motivos Decreto con fuerza de ley n° 1.204 de fecha 10 de febrero de 2001, de mensaje de datos y firmas electronicas, publicada Gaceta Oficial no 37076 de 13 diciembre 2000

[138] de Rudolph Russell (2018). MACHINE LEARNING: Guia Paso a Paso Para Implementar Algoritmos De Machine Learning Con Python (Machine Learning en Español/ Machine Learning in Spanish)

2. Big Data: Poder disponer de grandes datos de los clientes, una base de información muy grande que se debe procesar, para llegar a personalizar de una manera eficazmente acertada los productos y servicios ofrecidos en las tiendas digitales a sus clientes, por la percepción preferencial de sus gustos.
3. El blockchain Esta tecnología, es usada para las ventas en el comercio electrónico, por la seguridad al procesar los pagos. Tecnología que elimina a intermediarios, descentralizando la gestión, registros enlazados y cifrados, por lo que protege y asegura la privacidad de las transacciones. Siempre en tecnología hay estar prevenido, por tantos hackers que hay en el mercado.

4. TIPOS DE MARKETING DIGITAL

El Marketing Digital, también conocido como Mercadotecnia Digital, es el conjunto de actividades que una empresa (o persona) ejecuta en línea con la intención de atraer nuevos negocios, crear relaciones y desarrollar una identidad de marca.

4.1. Tipos de marketing digital:

- Inbound marketing: Es una metodología comercial, que apunta a captar clientes mediante la creación de contenido valioso y experiencias hechas a la medida. El Inbound Marketing (contenido), se basa en utilizar elementos publicitarios que no son intrusivos, con la finalidad de atraer al consumidor, a través de experiencias únicas.
- Marketing de optimización para buscadores (SEO): La optimización de los motores de búsqueda (SEO). es la práctica de orientar el sitio web, para que ocupe una posición más alta en una página de resultados de los motores de búsqueda (SERP). para recibir más tráfico. Un sofisticado algoritmo, determina qué resultados mostrar para cada consulta de búsqueda.
- El Outbound Marketing: Es el conjunto de acciones, que tienen como objetivo captar la atención del consumidor, a través de métodos más directos, que puedan llamar la atención.

4.2. Diferencias entre Inbound y Outbound Marketing:

Inbound y Outbound Marketing son dos estrategias que comparten un objetivo en común: generar tráfico, leads, (Clientes potenciales) y ventas para la institución. Cada estrategia tiene sus pros y contras, aunque han llegado al punto que cada una puede utilizarse, para complementar alguna carencia que tenga la otra.

Las diferencias entre ambos elementos, es fácil de detectar, pues el Inbound simplemente busca atraer la atención del cliente sin generar interrupciones, con contenido de valor, mientras que el Outbound, hace todo lo contrario y está enfocado en obtener ventas.

Veamos cada uno de los aspectos o detalles, que identifican estos tipos de marketing:
1. Inbound Marketing:
   1.1. Basa su metodología en el usuario y lo asocia como un posible cliente potencial.
   1.2. Llama la atención del consumidor, sin interrupciones.
   1.3. Utiliza medios digitales para su constante crecimiento.
   1.4. Comunicación bidireccional (feedback)
   1.5. Utiliza buyer persona
   1.6. Medios digitales para difusión
   1.7. Resultados medibles

2. Outbound Marketing:
   2.1. Está basado en la marca y el producto, mostrando sus características y elementos
   2.2. Captación de clientes a través de medios tradicionales
   2.3. Comunicación unidireccional
   2.4. Oferta abierta al mercado
   2.5. Hacen sus promociones
   2.6. Imprecisión al medir resultados

5. ESTRATEGIAS EN EL MARKETING:

La mercadotecnia puede ser estratégica u operativa. La primera, es el elemento que define y encuadra las líneas maestras de comunicación y comercialización, para aprovechar las oportunidades del mercado, y la mercadotecnia operativa, marketing táctico, es una estrategia que se centra en la consecución de objetivos a corto plazo y en un incremento del volumen de negocio.

Las estrategias, son ideas que se llevan a cabo con la finalidad de cumplir un objetivo o de alcanzar una meta y son la base para tomar decisiones empleando tácticas, en un escenario determinado: Para ponerlas en prácticas, se requiere:

- Definir objetivo.
- Analizar tendencias
- Evaluar recursos.
- Crear contenido
- Definir canales
- Plan de Ejecución
- Diseño Paginas.

6. CLASIFICACIÓN DEL USO DEL MARKETING:

Clasificación del marketing, dependiendo del medio utilizado para realizar la promoción:

6.1. Marketing de Contenidos:
Es una estrategia de negocios, enfocada en la producción de contenidos relevantes a los clientes potenciales.

6.2. Marketing de afiliación:
Es un tipo de marketing, que promociona productos físicos o digitales de otros.

6.3. Marketing en redes sociales:
Es el marketing, que se hace en redes sociales

6.4. Marketing viral o buzz marketing:
Es el marketing viral, que se basa en la transmisión de la pieza publicitaria a través de Internet.

6.5. Email marketing por correo electrónico:
Es una forma de marketing, que permite a través de correo electrónico, dar a conocer los nuevos productos

6.6. Mobile marketing o marketing para móviles:
Este marketing, se puede definir como un conjunto de técnicas para promocionar servicios y productos a través de los móviles.

7. LAS TECNOLOGÍAS DEL MARKETING

Las principales tecnologías que impactan el mercadeo son las siguientes:

7.1. Big Data.
Permite convertir volumen de datos genéricos, en información para identificar prospectos calificados y facilitar la segmentación y la personalización de los contenidos para una oferta acorde a las expectativas del mercado.

7.2. Realidad virtual (VR) y realidad aumentada (AR):
Estas tecnologías facilitan las narraciones (storytelling) y permiten crear mejores experiencias desde los puntos de venta, lo cual permite de ver o visualizar productos

7.3. Inteligencia artificial (AI):
Este concepto de inteligencia artificial, incluye diversas tecnologías que tienen grandes aplicaciones en el mercadeo, con reconocimiento de voz e imágenes. Algunas de sus aplicaciones son el marketing automation y chatbots.

7.4. Internet de las cosas (IoT):
Entre sus múltiples oportunidades para el mercadeo y los negocios se destacan tres:

1) aumentar conocimiento de marca;
2) participar en el proceso de decisión de compra y
3) investigación de mercados.

7.5. Cloud computing:
Facilita a las empresas pequeñas y medianas el acceso a la tecnología y los servicios requeridos por el mercadeo actual, sin tener que poseer una infraestructura costosa.

8. EL USO DE LOS MEDIOS TECNOLÓGICOS EN EL MERCADEO:

Los medios digitales, tienen la particularidad que permiten al consumidor, ser receptor y buscador de información, incluso en el punto de venta mediante el uso de teléfonos inteligentes. Más recientemente, los consumidores pueden interactuar mediante bots y otras tecnologías, como la realidad virtual, que les permiten realizar consultas en línea e interactuar con las marcas:

- Mayor volumen de información
- Los medios usados en el mercadeo deben adecuarse al cambio, que impone la tecnología
- El mercadeo debe mostrar resultados.
- Captar nuevos clientes, es el dilema en un ambiente competitivo.
- Participación en los medios digitales está aumentando en el mercadeo actual.

9. LOS MODELOS PREDICTIVOS EN LA BANCA DIGITAL:

Contar con una buena información demográfica, bien segmentada, ayuda en la toma de decisión, para campaña publicitaria como para la comunicación de las instituciones financieras, donde es conveniente elaborarse un modelo predictivo, que proporcione una data valiosa con indicadores de predicción, perfil de clientes, para determinar características, que incidan en el comportamiento de uso de los servicios digitales. Dentro de los objetivos específicos, serían:

- Identificar, qué perfil de cliente tiene mayor probabilidad de uso de tecnología digital en la zona de estudio
- Conocer el factor demográfico, que posee mayor impacto en el uso de servicios digitales en el segmento seleccionado
- Determinar el porcentaje de explicación del modelo de predicción, de uso de la tecnología digital, en el segmento objeto de estudio

Señala Aguayo[139] (2012) que, para plantear un Modelo de regresión Lineal en primera instancia, es necesario dicotomizar las variables, en el caso de la variable dependiente que es el uso de la banca digital ya se encuentra realizada y según Velasco[140] (1996) las variables independientes pueden ser binarias cualitativas: género (femenino o masculino), o categóricas: nivel de estudios (primaria, secundaria o superior) y cuantitativas o continuas: edad (en años). Comenta Aguayo[141] (2012) que, si las variables categóricas son más de dos, antes de introducirlas en el modelo, puede tomar la decisión de reducir sus dimensiones, agrupando categorías y convertirlas en dicotómicas. La dicotomización de variables, es el tratamiento de los datos continuos o variables politómicos como si fueran variables binarias.

10. LA COMPETENCIA ÁMBITO DIGITAL:

La tecnología permite determinar, el impacto que ha tenido la incorporación de las nuevas tecnologías sobre este sector, así como la posición que tiene las instituciones financieras tradicional en el mercado, a pesar de los múltiples competidores surgidos en el ámbito digital.

El significado de la palabra competencia[142] se puede entender desde diferentes puntos de vista, por lo que nos encontramos con una palabra con variedad de significados en función del contexto en el que nos situemos. Sin embargo, centrándonos en el tema que vamos a tratar, la definición más correcta sería la de: «situación de empresas que rivalizan en un mercado ofreciendo o demandando un mismo producto o servicio».

---

[139] Aguayo, M. (2012). Cómo hacer una Regresión Logística con PSS "paso a paso"

[140] Velasco, M. S. (1996). La regresión logística. Una aplicación, a la demanda de estudios universitarios. Estadística Española, . 141, 193-217

[141] Aguayo, M. (2012). Cómo hacer una Regresión Logística con PSS "paso a paso"

[142] La Real Academia Española, definición 3 de 2014

Señala Aguayo[139] (2012) que, para plantear un Modelo de regresión Lineal en primera instancia, es necesario dicotomizar las variables, en el caso de la variable dependiente que es el uso de la banca digital ya se encuentra realizada y según Velasco[140] (1996) las variables independientes pueden ser binarias cualitativas: género (femenino o masculino), o categóricas: nivel de estudios (primaria, secundaria o superior) y cuantitativas o continuas: edad (en años). Comenta Aguayo[141] (2012) que, si las variables categóricas son más de dos, antes de introducirlas en el modelo, puede tomar la decisión de reducir sus dimensiones, agrupando categorías y convertirlas en dicotómicas. La dicotomización de variables, es el tratamiento de los datos continuos o variables politómicos como si fueran variables binarias.

10. LA COMPETENCIA ÁMBITO DIGITAL:

La tecnología permite determinar, el impacto que ha tenido la incorporación de las nuevas tecnologías sobre este sector, así como la posición que tiene las instituciones financieras tradicional en el mercado, a pesar de los múltiples competidores surgidos en el ámbito digital.

El significado de la palabra competencia[142] se puede entender desde diferentes puntos de vista, por lo que nos encontramos con una palabra con variedad de significados en función del contexto en el que nos situemos. Sin embargo, centrándonos en el tema que vamos a tratar, la definición más correcta sería la de: «situación de empresas que rivalizan en un mercado ofreciendo o demandando un mismo producto o servicio».

---

[139] Aguayo, M. (2012). Cómo hacer una Regresión Logística con PSS "paso a paso"

[140] Velasco, M. S. (1996). La regresión logística. Una aplicación, a la demanda de estudios universitarios. Estadística Española, . 141, 193-217

[141] Aguayo, M. (2012). Cómo hacer una Regresión Logística con PSS "paso a paso"

[142] La Real Academia Española, definición 3 de 2014

CAPÍTULO XVIII

LEGISLACIÓN DE LAS OPERACIONES DIGITALES

> El derecho es el conjunto de condiciones,
> que permiten a la libertad de cada uno
> acomodarse a la libertad de todos.
> Emmanuel Kant

1. CONCEPTO DE DERECHO INFORMÁTICO O TECNOLÓGICO

El régimen jurídico que rige las actuaciones y procesos tecnológicos es el llamado Derecho Informático, que es aquella rama del Derecho que regula los efectos jurídicos, derivados del uso de la informática y de las Tecnologías de Información y las Comunicaciones (TIC). Este derecho Informático, se especializa en el estudio de los principios y las transformaciones tecnológicas que impactan la sociedad, como consecuencia del uso generalizado de las actividades tecnológicas. Las leyes que rigen las relaciones con las actividades de la tecnología y la informática son el conjunto de normas, que se enfocan en los procesos derivados del uso de las computadoras, desarrollo de sus sistemas y otros dispositivos electrónicos, que pueden procesar, almacenar y transmitir información en el ciberespacio; con los softwares desarrollados y puestos en actividad en los medios disponibles.

La Legislación Informática, se refiere a la normativa aplicable por el uso de los medios y procesos informáticos, incluidos en los denominados hardware y software. La legislación informática, busca garantizar derechos y responder por obligaciones derivadas de los procesos y medios tecnológicos; así como de la información que se procese a través de esos medios electrónicos o digitales y establecer limitaciones a las reglas y procesos de la informática, para que esta, no se convierta en un medio por el cual se desvíen los fines para los cuales fue creada. Los países del mundo han acogido y adaptado en su legislación, a estos acuerdos y principios sobre la información electrónica y digital.

2. LAS INSTITUCIONES FINANCIERAS

Las diferentes disposiciones legales que recogen el manejo y control de la tecnología digital son entre otras:

1. Las leyes financieras de bancos, seguros, mercado de capitales y las de criptoactivos
2. Las leyes que autorizan digitalizar huellas electrónicas y procesos electrónicos
3. La legislación sobre legitimación de capitales y delincuencia organizada
4. Otras disposiciones sobre el uso de la tecnología

Los bancos e instituciones financieras han adaptado tecnología de última generación, para soportar sus operaciones y para atender las actividades y relaciones con sus clientes y componentes del mercado. Esta evolución en las comunicaciones, productos y servicios es lo que se conoce como banca digital, por haber automatizado sus procesos e instrumentos operativos y medios de pago, puestos a disposición de la clientela; con lo cual se comprometen las instituciones financieras, a cumplir su rol de que ese uso, que se hace de la tecnología, sea acorde a la normativa que rige estas operaciones o servicios, manteniendo seguridad y confiabilidad en la información de sus clientes y relacionados.

3. LA SEGURIDAD DE LOS PROCESOS

Para dar seguridad en la utilización de estos mecanismos, se han digitalizados huellas dactilares y cara de los usuarios; además del control con las conocidas tarjetas coordinadas y las que circulan en el mercado. Los entes de control también hacen averiguaciones y rastrean información de estas actividades.
Es responsabilidad de las instituciones financieras actuar e informar a las autoridades, sobre todos aquellos procesos que presuman haya algún acto contrario a la ley, que esté relacionado con los procesos donde ellos interactúan en el manejo, procesamiento y control de la data generada en las operaciones o negociaciones que corresponde a sus clientes y relacionados.

4. CIBERSEGURIDAD:

Uno de los grandes retos que apunta el uso de la tecnología digital en la actualidad, es la ciberseguridad, para darle seguridad a las instituciones financieras, banca, seguros y empresas del mercado de capitales (inversoras), entre otras instituciones; así como sus clientes, que cada día se ven afectados por fraudes y estafas de todo tipo. Antes la seguridad era una preocupación, ahora es necesario, dar protección a la data y tener control sobre los medios de accesos de los clientes a la tecnología digital que usan las instituciones, sin que esto represente limitaciones en la ejecución de los procesos interconectados. Las actividades del teletrabajo y el aumento de los servicios a través de internet han cambiado la forma de comunicarse y acceder a los servicios, por lo que es inminente poner el foco en mejorar la seguridad de la data, medios y controles internos en las instituciones bancarias, las empresas de seguros y de capitales; así como de los otros componentes del mercado.

Las dimensiones alcanzadas por los datos, genera una importancia capital en la implementación tecnológica; lo cual requiere de protocolos de código abierto, que garanticen que estos se puedan compartir y usar en las industrias, con márgenes de seguridad. La banca, las aseguradoras y las empresas del mercado de valores, deben administrar sus plataformas de software y software, para implementar actualizaciones y mantenerse en el mercado con productos competitivos.

Estas herramientas, como la chatbots mezclan IA y Machine Learning, lo que les permite interactuar con los clientes de la forma más «humana» posible, ahorrando tiempo a los empleados de las compañías, lo que también se traduce en reducción de costos. Estos bots, pueden guiar al cliente a través de solicitudes de servicios, reclamaciones o respondiendo a las preguntas más frecuentes. Siempre sin sustituir a una persona en los casos más complejos.

Dentro de lo que es la ciberseguridad, juega papel importante los entes de control de la banca, las empresas de seguros y las del mercado de capitales, por la implementación que hacen al trazar sus políticas y estrategias de control y supervisión de las actividades de estas instituciones, Especial atención deben tener las contralorías internas de estas empresas y las empresas de auditoría externa, que evalúan la gestión de las instituciones financieras. Dentro de estos esquemas de seguridad, deben actuar los entes de control y supervisión público, los cuales deben aprovechar estas tecnologías, particularmente blockchain para enlazar información con las instituciones financieras, con mayores márgenes de seguridad de la que debe seguirse de acuerdo a la normativa que implementen. Estas nuevas tecnologías, deben ser usadas para evitar riesgos y fraudes en las instituciones financieras; las cuales deben racionalizar el uso de personal y mayor eficiencia en los controles; pudiendo bajar costos, con menor burocracia y papeleo en las actividades de las instituciones financieras con sus clientes.

5. NORMATIVA DE LAS ACTIVIDADES DIGITALES:

El sistema legal de los Estados Unidos de América, la Comunidad Europea y los regímenes que operan en Asia, tienen una serie de disposiciones y dispositivos para proteger a los usuarios y a las instituciones financieras en estos procesos tecnológicos; así como para velar por el cumplimiento de las disposiciones legales sobre marketing, legitimación de capitales, financiamiento al terrorismo y la corrupción.

El marketing digital, es una especialidad muy útil a la hora de posicionar ciertos productos en el mercado. Para hacerlo, es frecuente hacer uso de las comunicaciones masivas con los clientes.
Veamos, algunas leyes que rigen las actividades del marketing y el comercio digital:

5.1. NORMATIVA EUROPEA:

Europa tiene una serie de normativas para regular el marketing digital, entre ellas la ley de Servicios Digitales[143], y la ley de cookies que buscan aplicar y asegurar el derecho a la privacidad, a través de la 'protección de datos. Además de estas, en la Unión Europea, rigen las siguientes normas:

1. Ley de Mercados Digitales para fomentar la Innovación.
2. Ley de Servicios Digitales
3. Ley General de Publicidad (LGP)
4. Ley de Comercio Minorista.
5. Ley de Competencia Desleal (LCD)
6. Ley Orgánica de Protección de Datos de carácter Personal (LOPD)
7. Ley de Servicios de la Sociedad de Información y Comercio electrónico (LSSICE)
8. Ley de las Comunicaciones Comerciales
9. Derecho al Olvido:

5.2. NORMATIVA EN LOS ESTADOS UNIDOS DE AMÉRICA

En América hay una diferencia bien marcada, entre la legislación de los Estados Unidos de América y el régimen legal de los países de Latinoamérica. En Estados Unidos de América, país de leyes, desde año 1933, se promulgó la Ley de Valores (Securities Act de 1933) para protección al consumidor en el ámbito de las finanzas. Aunque cada estado es autónomo, han publicado las siguientes leyes, que rigen en todos los Estados de América:

1. Fair Credit Reporting Act.
2. La Ley de Vivienda Justa (Fair Housing Act)
3. The Fair Debt Collection Practices Act – FDCPA.
4. Sección 5 del Federal Trade Act: Unfair or Deceptive Acts or Practices.
5. Telephone Consumer Protection Act. (TCPA)
6. La Comisión Federal de Comunicaciones (Federal Communications Commission – FCC) es la autoridad reguladora
7. La Ley CAN-SPAM. Controlling the Assault of Non-Solicited Pornography And Marketing Act).
8. Ley Gramm-Leach-Bliley (GBLA). Las instituciones financieras con sus clientes intercambio de información y protección datos confidenciales.
9. The Children's Online Privacy Protection Act.
10. Otras leyes de este tipo para proteger al usuario contra fraudes, productos defectuosos o invasión de la privacidad de los datos, son:
    o Restore Online Shoppers' Confidence Act (ROSCA)
    o The Massachusetts Consumer Protection Law.
    o California Consumer Privacy Act, CCPA.

---

[143] Normativa aprobada por el Parlamento Europeo, la ASD la publicó en el Diario Oficial el 27 de octubre de 2022 y entró en vigor el 16 de noviembre de 2022. La DSA será directamente aplicable en toda la UE y se aplicará quince meses o a partir del 1 de enero de 2024, si esta fecha se produce más tarde, después de la entrada en vigor

5.3. NORMATIVA EN LATINOAMÉRICA:

En los países de Latinoamérica, se han promulgado leyes y dictado disposiciones que regulan la actividad comercial y el mercadeo de productos y servicios. Veamos algunas leyes, dictadas en los siguientes países:

1. México: Ley para la Transparencia, Prevención y Combate de Prácticas indebidas en materia de contratación de publicidad.
2. Venezuela: Ley de Protección al Consumidor y al Usuario y Ley sobre Mensajes de Datos y Firmas Electrónicas,
3. Ecuador: La ley del Consumidor en Ecuador.
4. Brasil: Ley N° 14.195 de 26 de agosto de 2021
5. Argentina: Ley 24.240 Ley de Defensa del Consumidor

En Latinoamérica, los países que más han incorporado tecnología digital, son México, Brasil, Colombia, Chile, Argentina y El Salvador.

En su obra La Tecnología Blockchain en América Latina, las autoras Tamara V. Naúmenko, Léninskie Gory, Liia R. Fakhrutdínova y Léninskie Gory[144] (2019), comentan en su resumen «que América Latina carece de una infraestructura social y económica suficientemente desarrollada, en el ámbito del desarrollo tecnológico y de innovación... Las autoras hacen hincapié, en la necesidad de introducir cambios indispensables en los modelos tradicionales de desarrollo...»

5.4. NORMATIVA FINANCIERA ASIÁTICA:

En el continente asiático, por sus particularidades en sus sistemas de gobierno, los sistemas que rigen las actividades de las instituciones financieras tienen dos vertientes, una hacia el exterior, en sus actividades y negocios, y otra hacia dentro, donde tienen diversas particularidades. Veamos, el caso China, los cuales han implementado un sistema financiero, con características especiales, que se ha amoldado a los estereotipos institucionales de occidente, pero con control político y social.

El sistema financiero y su regulación en China están separados: Banca, Seguros y Mercado bursátil y están bajo control de la Comisión Reguladora de Valores (CSRC), la Comisión Reguladora de Seguros (CIRC) y la Comisión Regulatoria Bancaria (CBRC). La banca extranjera ha dado una gran contribución para esta evolución en China del sistema financiero y a principio de 2020, el Banco Central aprobó el funcionamiento una serie de aplicaciones fintech, dando paso a la neobanca.

---

[144] LA TECNOLOGÍA BLOCKCHAIN EN AMÉRICA LATINA Tamara V. Naúmenko Doctora titular (Filosofía), prof. (t-naumenko@yandex.ru) Facultad de Procesos Globales Universidad Estatal LOMONÓSOV de Moscú Léninskie Gory, 1, Moscú, 119991, Federación de Rusia Liia R. Fakhrutdínova Aspiranta a Ph.D. (lea.fa1917@gmail.com) Universidad Estatal LOMONÓSOV de Moscú Léninskie Gory, 1, Moscú, 119991, Federación de Rusia Recibido el 23 de mayo de 2019

En cada país, tanto de Europa, América y Asia imperan normativas que regulan, limitan y sancionan el incumplimiento de estas leyes vigentes que norman las actividades del marketing, el comercio electrónico y digital; las cuales establecen sanciones en sus disposiciones y reglamentos. La idea de estas reglamentaciones no es controlar, sino velar por la protección al usuario y tener una normativa uniforme en los distintos países, que haga fluir el comercio internacional y los medios de pago, con normas claras y uniformes.

///
□

BIBLIOGRAFÍA

1. Arbussa Reixach, Anna. (2001). "The Effects of Information and Communication Technologies on the Banking Sector and the Payments System."
2. Bhala, Raj. (1995). "Towards a Payment System Law for Developing and Transition Economies." World Bank Discussion.
3. Brinker, Scott. (2017). "Martech and the Modern Marketing Org (Study Results)."
4. Cooper Ramo, Joshua. (1997). "El Futuro del Dinero. Cuando más grande mejor." Artículo central de la separata El Tiempo/Time.
5. Cifuentes Muñoz, Manuel E. "Una Mirada Introductoria al Mundo de la Banca Electrónica."
6. García Areito, L., Ruíz Corbella, M., & Domínguez Figaredo, D. (2007). "De la Educación a Distancia a la Educación Virtual."
7. González de Audicana, Miguel, Joan. (2019). "Las Fintech B2C: Análisis Práctico y Jurídico."
8. Gaitán, Virginia. (2013). "Gamificación: El Aprendizaje Divertido."
9. Heredia Jerez, Ramón. (2017). "La Revolución Digital y el Futuro de los Servicios Financieros."
10. Jiménez, Carlos. (2018). "Tecnología Digital para el Mercadeo."
11. Jiménez, José María López. (2020). "Banca Digital y Fintech: Aspectos Prácticos de Protección de los Derechos de los Usuarios."
12. Larrán, Jorge M.; Muriel de los Reyes, M. J. (2007). "La Banca por Internet como Innovación Tecnológica en el Sector Bancario." Investigaciones Europeas de Dirección y Economía de la Empresa.
13. López Jiménez, José María. (2019). "Banca Digital y Fintech: Aspectos Prácticos de Protección de los Derechos de los Usuarios." Aterre Editor.
14. Marquès Graells, P. (2000). "Impacto de las TIC en la Enseñanza Universitaria."
15. Martin-Blas Méndez, Edgar. (2022). "Metaverso: Pioneros en un Viaje más allá de la Realidad." (Spanish Edition)
16. Merodio, Juan. (2014). Ebook "Banca 3.0: La Transformación Digital del Sector Bancario."
17. Noboa, Diane. (2016). "Una Mirada al Nuevo Modelo de Banca Digital."
18. Peralta, María Gabriela; Romero, María Victoria; Scarso, Juan Manuel. (2021). "Fintech y Banca Digital: Análisis Integral. Tratamiento Tributario y Regulatorio."
19. Rivas Santos, Pablo. (1997). "Teoría y Política Monetaria y Bancaria."
20. Rojas, Atilio. (2017). "El Sistema Asegurador."
21. Rojas, Laura. (2017). "Transformación Digital e Innovación Abierta en la Banca. Caso del BBVA."
22. Rojas, Laura. (2017). "Innovación y Transformación Digital en Bancolombia."
23. Rodríguez, Cosìo Clara. (2017). "Cambios en el Modelo de Negocio de la Banca."
24. Rubio Gonzalez, Ana. (2016). Coordinadora BBVA. "Cambios en los Modelos de Negocios de la Banca."
25. Zunzunegui, Fernando. (2020). "Fintech, Regtech y Legaltech: Fundamentos y Desafíos Regulatorios."
26. Zunzunegui, Fernando. (2019). "Regulación Financiera y Fintech."

27. "Revista de Derecho Privado" No. 24, abril de 2000. Universidad de los Andes, Facultad de Derecho.
28. "La Historia del Dinero" por Jack Weatherford. (1998).
29. Liberos, Eduardo; García del Poyo, Rafael; Gil Rabadan, Juan; Merino, Juan Antonio; Somalo, Ignacio. (2011). "El Libro de Comercio Electrónico." 2da Edición.
30. Deschamps, Jean Pierre. (2023). "Computación Cuántica: Circuitos y Algoritmos."
31. Hernández Encinas, Luis. (2016). "La Criptografía."
32. Taranilla de la Varga, Carlos. (2018). "Criptografía: Los Lenguajes Secretos de la Historia."
33. Preukschat, Alexander; Molero Manglano, Iñigo. (2009). "Blockchain: La Revolución Industrial de Internet."
34. Maestre, Raúl Jaime. (2020). "Qué son las Fintech."
35. Maestre, Raúl Jaime. (2022). "Qué es Fintech y Por qué es el Futuro de las Finanzas."
36. Bartolomeo, Alejandro; Machin Urbay, Gustavo. (2020). "Introducción a la Tecnología Blockchain: Su Impacto en las Ciencias Económicas."
37. Fernandez, Yubal. (2018). "Diferencias entre Realidad Aumentada, Realidad Virtual y Realidad Mixta."
38. Jones, Herbert. (2019). "Criptomonedas."
39. Sabry, Fouad. (2021). "Banca Digital."
40. Ries, Eric. (2011). "The Lean Startup."
41. Ramírez, Augusto V. (2009). "La Teoría del Conocimiento en Investigación Científica: Una Visión Actual."
42. Naúmenko, Tamara V.; Fakhrutdínova, Liia R. (2019). "La Tecnología Blockchain en América Latina."
43. Sevares, Julio. (2020). "The Expansión of Fintech Companies in China and the Government's Regulatory Responses."
44. Chiavenato, Idalberto. (2006). "Administración de Recursos Humanos."
45. Piscini, Eric; Hyman, Gys; Henry, Wendy. (2017). "Blockchain: Economía de Confianza."
46. Lelart, Michel. (1996). "El Fondo Monetario Internacional."
47. Mencos León, Rebeca Consuelo. (2008). "Tesis de Grado." Universidad de San Carlos de Guatemala, Escuela de Ciencias de la Comunicación."
48. Lamb, Charles W.; Hair, Joseph F.; McDaniel, Carl. (2002). "Marketing." Edición, 6.
49. Rojas, Laura. (2017). "Innovación y Transformación Digital en Bancolombia."
50. Jiménez, Carlos. (2018). "Tecnología Digital para el Mercadeo."
51. Rodríguez Rodríguez, Pablo. (2018). "Inteligencia Artificial: Cómo Cambiará el Mundo (y tu Vida)."
52. Zamora Lucio, Marco Antonio. (2018). "Preparatoria Informática."
53. Russell, Rudolph. (2018). "Machine Learning: Guía Paso a Paso Para Implementar Algoritmos De Machine Learning Con Python."
54. Marquès Graells, P. (2001). "La Universidad Presencial ante la Sociedad de la Información. Algunas Notas sobre el Impacto de las TIC." Comunicación presentada en el Congreso Internacional de Tecnología, Educación y Desarrollo Sostenible (EDUTEC).
55. Marquès Graells, P. (2000). "Impacto de las TIC en la Enseñanza Universitaria."

56. González de Audicana, Miguel, Joan. (2019). "Las Fintech B2C: Análisis Práctico y Jurídico."
57. Zunzunegui, Fernando. (2020). "Fintech, Regtech y Legaltech: Fundamentos y Desafíos Regulatorios."
58. López Jiménez, José María. (2020). "Banca Digital y Fintech: Aspectos Prácticos de Protección de los Derechos de los Usuarios."
59. Larrán, Jorge M.; Muriel de los Reyes, M. J. (2007). "La Banca por Internet como Innovación Tecnológica en el Sector Bancario." Investigaciones Europeas de Dirección y Economía de la Empresa.
60. Rojas, Atilio. (2017). "El Sistema Asegurador."
61. Rojas, Laura. (2017). "Transformación Digital e Innovación Abierta en la Banca. Caso del BBVA."
62. Rojas, Laura. (2017). "Innovación y Transformación Digital en Bancolombia."
63. Rodríguez, Cosìo Clara. (2017). "Cambios en el Modelo de Negocio de la Banca."
64. Rubio Gonzalez, Ana. (2016). Coordinadora BBVA. "Cambios en los Modelos de Negocios de la Banca."
65. Noboa, Diane. (2016). "Una Mirada al Nuevo Modelo de Banca Digital."
66. "Revista de Derecho Privado" No. 24, abril de 2000. Universidad de los Andes, Facultad de Derecho.
67. Weatherford, Jack. (1998). "La Historia del Dinero."
68. Liberos, Eduardo; García del Poyo, Rafael; Gil Rabadan, Juan; Merino, Juan Antonio; Somalo, Ignacio. (2011). "El Libro de Comercio Electrónico." 2da Edición.

www.ingramcontent.com/pod-product-compliance
Lightning Source LLC
Chambersburg PA
CBHW052151220526
45471CB00004B/1629